O PRIMEIRO SÉCULO DA REPÚBLICA

Helio Silva

O PRIMEIRO SÉCULO DA REPÚBLICA

Jorge Zahar Editor
Rio de Janeiro

1987
Direitos para esta edição contratados com
Jorge Zahar Editor Ltda.
rua México 31 sobreloja
20031 Rio de Janeiro, RJ

Produção editorial *Revisão:* Carlos Alberto Medeiros (copy);
Lúcia Reis, Shirlei Nataline, Nair Dametto e Lolita Abramo
(tip.); *Diagramação:* Celso Bivar; *Composição:* ATP Ltda.;
Arte-final: José Geraldo de Lacerda (texto); *Capa:* Antonio Sampaio

ISBN: 85-85061-64-2

SUMÁRIO

Aos que me ajudaram na feitura deste livro a minha gratidão: Alice Pinho da Cunha, Bernardo Carneiro Rezende, Julieta Rocha Moreira Cabral, Léa M. Cardoso Alves e Maria Helena Silva.

CAPÍTULO I

FIM DO IMPÉRIO

A Monarquia era um artificialismo em nosso continente, com o Brasil voltado para a Europa e de costas para a América.

A invasão de Portugal pelas tropas napoleônicas do general Junot tocou, em marcha batida, a rainha D. Maria, o príncipe regente D. João e a corte portuguesa para a colônia sul-americana, onde se consideravam a salvo.

Será ainda a permanência da mesma ameaça que inspirará o monarca português a criar condições de corte em seu território de ultramar, até que a paz volte ao continente europeu, com a derrota do corso. Por isso, tivemos um impulso poderoso ao nosso desenvolvimento. Criava-se o molde da Monarquia, estabeleciam-se circunstâncias especiais para o Brasil, dentro da América, sem olhar a sua realidade. O regime, os políticos, os partidos não acompanhavam a vida de nosso país, o crescimento de seu povo, suas idéias e potencialidades.

O Estado monárquico representava os interesses dos grandes proprietários de terra, ligados à exploração de produtos agrícolas, com mão-de-obra escrava, e aos grupos exportadores desses produtos e importadores de manufaturas. No segundo quartel do século XIX inicia-se, em São Paulo, a cultura do café com mão-de-obra assalariada. Operando em escala de produtividade maior do que os setores escravocratas, imediatamente se transfere para São Paulo o pólo dinâmico da economia brasileira. Essa transferência vai redundar, em última instância, no fortalecimento político desse setor no bloco do poder que mantém o controle do Estado monárquico. Fortalecido, esse setor passou a lutar por sua hegemonia no bloco, buscando para isso o apoio de outras classes e frações que não participavam do poder.

Sua primeira batalha foi a abolição da escravatura.

Os militares e representantes da classe média, reivindicando maior participação política por estarem desligados do compromisso econômico, tendiam a uma posição mais radical frente à derrubada do regime: o imperador, se possível; sem o imperador, se necessário, na expressão de Rui Barbosa.

Com o fim da Guerra do Paraguai, apesar da vitória alcançada, havia muitos motivos para preocupações e desencantos. Ressurgem as velhas idéias liberais: a reforma da justiça, a abolição do recrutamento e da escravatura. Começam a aparecer no Brasil os primeiros laços com os países americanos, os primeiros sentimentos de afinidade moral que prendem toda a América. É o despertar da consciência americana.

Nessa ocasião, Saldanha Marinho – que pertencera ao Partido Liberal – se une a Quintino Bocaiúva, recém-chegado dos Estados Unidos, e a Salvador de Mendonça para fundar o primeiro clube e o primeiro jornal republicanos. A 3 de dezembro de 1870 lançam o manifesto que enfeixa as aspirações e idéias do partido. Sua divulgação não causou o impacto desejado. Faltavam-lhe vibração e originalidade.

A falta de comunicação num país tão vasto, dominado por uma forma patriarcal, pobre de recursos, inculto, onde as elites ainda gravitavam no interior, fez com que as novas doutrinas políticas se diluíssem nos meios políticos.

O manifesto foi redigido por Aristides Lobo e aceito com entusiasmo pelos radicais. O novo partido ressentia-se de base objetiva. Embora o primeiro resultado concreto do manifesto tenha sido a organização do Partido Republicano de São Paulo, foi na Convenção de Itu que se preparou o I Congresso Republicano, instalado a 26 de julho de 1873.

Apesar de sua debilidade, a propaganda republicana prossegue, especialmente no Rio Grande do Sul, onde era tocada por um grupo de positivistas em que figuravam Júlio de Castilhos, Borges de Medeiros e Demétrio Ribeiro.

As idéias de Augusto Comte começaram a ser difundidas entre nós a partir de uma conferência realizada por Benjamin Constant, no Instituto dos Cegos, onde morava, em 1871. Para Augusto Comte, a República é a negação do direito divino objetivado na pessoa do rei e perpetuado na sucessão dinástica. Para os republicanos, a idéia de um governo forte, com o qual passaram a sonhar, veio a se tornar a grande atração que o positivismo exerceu sobre eles. Entretanto, nunca se manifestaram francamente contra o sistema parlamentar.

Aos poucos as transformações se iam sucedendo: a Escola Militar tornava-se um celeiro de agitadores; nas faculdades, predominava o liberalismo político etc. Mas todas essas transformações não eram percebidas pelos homens do Governo nem pelo imperador. Para este, as Forças Armadas constituíam um capítulo secundário, especialmente o Exército, concepção que a Guerra do Paraguai veio a modificar.

Somente em 1888 é que os chefes republicanos se aproximam dos militares. E começa a conspiração. A mocidade civil seguia a ação de Silva Jardim e a mocidade militar tinha em Benjamin Constant o seu mestre.

Os chefes militares voltavam-se para a figura de Deodoro. Mas este não se capacitara, intimamente, da necessidade de se acabar com a Monarquia. Sua luta até a Proclamação foi um protesto contra as situações criadas pelos sucessivos gabinetes. A idéia de destronar o imperador não estava em suas cogitações. Entretanto, a ação de Deodoro só se tornou vitoriosa graças à propaganda republicana, que caminhara lentamente durante alguns anos. Não havia propósitos contra a Monarquia, mas idéias favoráveis à República.

Após a organização de seu partido, os republicanos passaram a considerar todos os fatos nacionais do ponto de vista do grupo a que pertenciam. Quanto ao problema abolicionista, eles só se comprometeram formalmente por volta de 1887, quando o presidente do Partido Republicano Paulista, Campos Sales, resolveu fazer, em Santos, uma conferência em favor da liberdade dos negros.

Da Faculdade de Direito de São Paulo se irradia o movimento republicano, que vai repercutir no Rio Grande do Sul. Júlio de Castilhos funda *A Federação*, órgão de propaganda republicana. E, quando Sena Madureira começa a agitar pela imprensa a Questão Militar, Júlio de Castilhos abre-lhe as colunas de *A Federação*, estabelecendo a aliança entre militares e propagandistas republicanos.

Contudo, foi em São Paulo que a propaganda republicana melhor se organizou.

Assim, tímida mas progressivamente, caminhava a propaganda republicana. Mas ela não foi a única razão da derrocada da Monarquia. O imperador gozava de respeitabilidade. O povo, porém, não via com bons olhos um terceiro reinado. O fato de a herdeira – a princesa Isabel – ser casada com um francês era motivo para que muitos jacobinistas não se conformassem com a possibilidade de um estrangeiro vir a influir, futuramente, nos destinos do País. A Questão dos Bispos, num país que era oficialmente católico, veio a chocar sobremaneira a sensibilidade de muita gente, também a Abolição e finalmente a Questão Militar. Esta foi o golpe de misericórdia num regime monárquico quase moribundo.

Benjamin Constant teve a idéia e a iniciativa de resolver a Questão Militar pela mudança das instituições. Se ele representa a ação, Rui Barbosa representa o ideólogo de uma reforma da sociedade. Analisando a participação dos militares na revolução brasileira, assinalamos – a respeito do Império na época da Regência – que, por não haver um Exército nacional organizado para manter a ordem e a estabilidade do regime, o regente Feijó organizou a Guarda Nacional da República. Com a criação do Exército, a este couberam essas funções.

O povo não estava preparado para a República. Os republicanos históricos formavam uma elite brilhante e eficiente, porém muito limitada.

A propaganda republicana revelara ao país novos valores. As elites consideravam fatal a transformação da Monarquia em República.

Entretanto, foi a própria Monarquia que deu as melhores oportunidades para a sua queda. Rui Barbosa, justificando a sua conversão às idéias republicanas, invocou o fato de a Monarquia apresentar resistência ao sistema federativo.

Assim, Deodoro se vê aos poucos envolvido na trama dos oficiais republicanos. Finalmente, a 11 de novembro concorda em ter uma reunião com os conspiradores, tanto civis como militares – Quintino Bocaiúva, Rui Barbosa, Aristides Lobo, Francisco Glicério, Benjamin Constant e Sólon Ribeiro.

Mas a República não tinha condições de vida. Limitava-se aos elementos republicanos. Foi necessário surgir um boato anunciando a prisão de Deodoro e Benjamin Constant para que o tenente-coronel Silva Teles reunisse sob seu comando todos os corpos aquartelados em São Cristóvão e os mandasse para o Campo de Santana.

Na véspera do 15 de novembro, Benjamin Constant estivera em casa de Deodoro. Ao se encontrar com Glicério e Aristides Lobo, relatou o que vira:

> Creio que ele não amanhece e se morrer a revolução está gorada. Os senhores, civis, podem salvar-se; nós, militares, arrostaremos as conseqüências das nossas responsabilidades.

De manhã, o moribundo da véspera era o redivivo. Deodoro dormira mal a noite, acometido de forte dispnéia. Pela manhã, Quintino Bocaiúva e Benjamin Constant foram buscá-lo. Deodoro usava uniforme de sobrecasaca, com botões dourados, sem espada. Os três, de carro, seguiram ao encontro da tropa que, vinda de São Cristóvão, estacara no pátio fronteiro ao quartel-general, hoje Palácio do Exército. Ali o Ministério se reunira, no gabinete do visconde de Maracaju, com a ausência apenas do barão de Ladário, que tomava providências urgentes na Marinha. Momentos antes, o visconde de Ouro Preto já tivera um diálogo com o ajudante-general do Exército de Floriano Peixoto e concluíra que não mais contava com o seu apoio.

Deodoro propunha-se depor o Gabinete Ouro Preto. Devido ao seu estado de saúde, só ali, junto à tropa, é que montou a cavalo. Como era de praxe, ao assumir o comando, erguendo o boné, deu o grito de "Viva o imperador!", que, segundo testemunhas da época, foi abafado por salvas de artilharia, ordenadas por Benjamin Constant.

O general, combalido pela doença, visivelmente abatido, penetra no quartel-general e vai ao encontro de Ouro Preto:

> Vossa Excelência e seus colegas estão demitidos por haverem perseguido oficiais do Exército e revelarem o firme propósito, em que estavam, de abaterem ou mesmo dissolverem o próprio Exército.

E, finalizando a breve alocução, diz ainda:

> Nos pântanos do Paraguai, muitas vezes atolado, sacrifiquei minha saúde em benefício da Pátria . . .

Nesse ponto, Ouro Preto, altivo, observa:

> Maior sacrifício, general, estou fazendo, ouvindo-o falar.

Lá fora, vivas à República, estimulados pela palavra de Sampaio Ferraz, que, num dos ângulos do Campo de Santana, dirigia um grupo de civis.

Todo o gabinete foi preso sob palavra.

A Questão Militar não tinha, realmente, uma significação política. Os republicanos é que se aproveitaram dela. Mas os republicanos não se conformavam com a falta de uma declaração explícita da mudança de regime. Por isso resolveram, à tarde, reunir-se em casa de Deodoro, Benjamin Constant é quem recebe os companheiros:

> Nós não podemos impor uma forma de governo ao povo, o imperador ficará interdito, convocaremos uma Constituinte, e esta é que terá de resolver sobre a futura forma de governo do Brasil.

Naquela noite, Deodoro ainda não decidira se aceitava ou não a República. Foi Benjamin Constant quem conseguiu os argumentos decisivos. Quando Deodoro soube que o imperador mandara chamar Silveira Martins, seu inimigo, para organizar o novo gabinete, decidiu-se pelos republicanos.

Só mais tarde é que Deodoro assinou o Manifesto e o Decreto n.º 1. Foi este o primeiro documento do novo regime:

> Proclamação dos membros do Governo Provisório.
>
> Concidadãos!
>
> O povo, o Exército e a Armada Nacional, em perfeita comunhão de sentimentos com nossos concidadãos residentes nas províncias, acabam de decretar a deposição da dinastia imperial e conseqüentemente a extinção do sistema monárquico representativo.
>
> Como resultado imediato desta revolução nacional, de caráter essencialmente patriótico, acaba de ser instituído um Governo Provisório, cuja principal missão é garantir a ordem pública, a liberdade e o direito do cidadão.

Para comporem este governo, enquanto a nação soberana, pelos seus órgãos competentes, não proceder à escolha do governo definitivo, foram nomeados pelo chefe do Poder Executivo os cidadãos abaixo assinados.

Concidadãos!

O Governo Provisório, simples agente temporário da soberania nacional, é o governo da paz, da fraternidade e da ordem .

No uso das atribuições e faculdades extraordinárias de que se acha investido para a defesa da integridade da Pátria e da ordem pública, o Governo Provisório, por todos os meios ao seu alcance, promete e garante a todos os habitantes do Brasil, nacionais e estrangeiros, a segurança de vida e da propriedade, o respeito aos direitos individuais e políticos, salvas, quanto a estes, as limitações exigidas pelo bem da Pátria e pela legítima defesa do governo proclamado pelo povo, pelo Exército e pela Armada Nacional.

Concidadãos!

As funções da justiça ordinária, bem como as funções da administração civil e militar, continuarão a ser exercidas pelos órgãos até aqui existentes, com relação às pessoas, respeitadas as vantagens e os direitos adquiridos por cada funcionário.

Fica, porém, abolida, desde já, a vitaliciedade do Senado e bem assim o Conselho de Estado.

Fica dissolvida a Câmara de Deputados.

Concidadãos!

O Governo Provisório reconhece e acata os compromissos nacionais contraídos durante o regime anterior, os tratados subsistentes com as potências estrangeiras, a dívida pública externa e interna, contratos vigentes e mais obrigações legalmente instituídas.

Marechal Deodoro da Fonseca, Chefe do Governo Provisório

Aristides Lobo, Ministro do Interior

Tenente-Coronel Benjamin Constant Botelho de Magalhães, Ministro da Guerra

Chefe-de-Esquadra Eduardo Wandenkolk, Ministro da Marinha

Quintino Bocaiúva, Ministro das Relações Exteriores e Interinamente da Agricultura, Comércio e Obras Públicas.

CAPÍTULO II

GOVERNO DEODORO E FLORIANO

O Decreto n.º 1, datado de 15 de novembro, documenta o inesperado da mudança de regime pelo golpe militar que implantou a República. Proclamava "provisoriamente e decretava como uma forma de governo a República Federativa".

Os propagandistas que seriam os "republicanos históricos" inauguravam a prática de estimular os golpes militares, aproveitando-se deles. A reação ao boato de que o Exército seria dissolvido e substituído pela Guarda Nacional e teria presos os seus chefes – Deodoro e Benjamin Constant – havia mobilizado a tropa que se concentrara no Campo de Santana, dando força à intimação de Deodoro, depondo e prendendo o Gabinete Ouro Preto. A seqüência dos acontecimentos; a ausência do imperador, vilejeando em Petrópolis, sem tomar conhecimeno do que ocorria nem mesmo na rápida vinda ao Rio para presidir uma banca de exames no Colégio Pedro II; a afoiteza de Benjamin Constant e Quintino Bocaiúva; finalmente, o gesto teatral de José do Patrocínio, na Câmara Municipal, fizeram a República. Que seus editores responsáveis, prudentemente, *proclamavam provisoriamente e apoiada nas Forças Armadas.*

Havia um entusiasmo, até mesmo um fato histórico, mas não uma consciência popular republicana. O povo, como estigmatizou Aristides Lobo, em seu memorável no *Diário Popular,* de São Paulo, assistiu "bestificado" àquilo que lhe pareceu uma parada. O mundo político permaneceu estupefato. O Senado reuniu-se indeciso e suspendeu a sessão *por não ter o que tratar.*

Assim, o poder militar empossou-se pela força, sem violência. Porque a única reação física foi a do ministro da Marinha, barão de Ladário, que, tentando resistir à ordem de prisão, foi levemente ferido.

O diário do conde D'Eu – o príncipe consorte francês da princesa herdeira D. Isabel, uma das causas da queda da Monarquia – é o depoimento fiel do que se passava na corte. Ele ainda passeava com os filhos enquanto ruía o regime. O imperador, ainda atordoado, ao chegar ao Palácio Imperial da Quinta da Boa Vista, teimou em formar um novo gabinete e convocou o chefe liberal Silveira Martins, que veio de Porto Alegre, mas não passou da ilha do Desterro – a capital catarinense – hoje Florianópolis.

No resto do país, daquele vasto Brasil ainda sem TV, rádio, telefone e outros meios de comunicação, a notícia republicana levaria muitos anos para se difundir. Contam os remanescentes da Coluna Prestes que encontraram, naqueles sertões de 1926, muitos caboclos que perguntavam pelo imperador.

Foi fácil a ocupação do poder, cuja tomada ocorrera sem maior esforço. Conseqüentemente ao golpe, os militares ocuparam o Governo. A República não foi proclamada pelos republicanos. Logo, o Governo foi exercido pelo chefe do movimento militar, general Deodoro da Fonseca, aclamado generalíssimo das Forças de Terra e Mar e promovido a marechal.

No dia 17, os positivistas, que se consideravam os mentores ideológicos da transformação, fizeram uma manifestação pública, uma passeata pelas principais ruas da cidade. Traziam um estandarte com o dístico *Ordem e Progresso,* que acabariam por inscrever na nova bandeira. Apresentavam sugestões sobre a organização política que convinha dar à República. Fiéis à doutrina comtista, preconizavam um governo autoritário, o que consolidava a primeira ditadura militar. Apesar de terem dois comtistas no Governo, Benjamin Constant e Demétrio Ribeiro, não foi relevante a influência que exerceram.

No começo a nova República copiou, se não aproveitou, a arrumação que encontrara na casa monarquista. Deodoro passou a exercer o papel que o monarca desempenhava. Constituiu-se um ministério que, refletindo o ambiente militarista, conferiu aos ministros civis o posto de generais-honorários; como persistia o hábito de haver uma figura dominante, Rui Barbosa era verdadeiramente o chefe do gabinete, não só pela importância da pasta que lhe foi atribuída – a da Fazenda – como pela sua supremacia intelectual.

Foi assim que se tornou o editor único do projeto enviado à Assembléia Nacional Constituinte.

Esse episódio deve ser especificado: houve a designação de *cinco notáveis* para elaborar o anteprojeto constitucional. Esse trabalho, porém, foi entregue a Rui Barbosa para exame em conjunto com o ministério. Rui Barbosa dominava inteiramente as reuniões, como comprova a documentação existente na Casa de Rui Barbosa. O anteprojeto da *comissão dos notáveis* não foi à Assembléia Nacional Constituinte, que trabalhou sobre a matéria redigida por Rui Barbosa, em nome de um ministério concordante.

O Partido Republicano foi-se instalando paulatinamente, sem encontrar resistências. Se seus membros eram minoria, a adesão em massa dos monarquistas supriu tal deficiência. Daí por diante *ser monarquista* era, mais que convicção ou sinal de fidelidade ao monarca banido, uma excentricidade, uma curiosidade, uma singularidade que marcou algumas figuras ilustres.

Não houve nenhuma tentativa séria de restaurar a Monarquia. O genocídio de Canudos, de que ficou o depoimento de Euclides da Cunha em *Os Sertões,* agora completado e aclarado com estudos mais recentes, foi mentirosa e politicamente apresentado como uma tentativa de restauração monárquica. Também os três levantes da Armada de Custódio José de Melo, Wandenkolk e Saldanha da Gama só foram apelidados de *restauradores da monarquia* em razão das preferências monarquistas da Marinha e, sobretudo, de Saldanha da Gama.

Outra observação que deve ser feita é de que a jovem República e a primeira Constituinte Republicana não quiseram conservar o regime parlamentarista que existira no Império. Testemunhas oculares do que fora, na prática, aquele regime conheciam as suas deformações, seus males, suas imperfeições e a farsa em que se transformara em um país onde, na verdade, não havia estruturas político-partidárias, mas líderes brilhantes usando as legendas partidárias e obedecendo às conveniências e preferências do imperador, que mudava os gabinetes a seu capricho, sem jamais ter havido um pronunciamento parlamentar decisivo na queda de um gabinete.

O vasto Brasil não se resumia no governo central. A República tinha de ser praticada em todo o território. Os governadores das Províncias, nomeados pelo imperador, foram substituídos pelos delegados de Deodoro, em sua quase totalidade militares, pois seu tipo de relações era, predominantemente, nessa faixa.

A solução encontrada para resolver os conflitos que surgiam entre os ministros foi a criação do Conselho de Ministros, onde todos e cada um por si teriam o poder de deliberar sobre todos os problemas.

Da ditadura de fato, militarista, autoritária, nascia o presidencialismo brasileiro, copiado do figurino americano por Rui Barbosa e acomodado pelo positivismo de Benjamin Constant, genuinamente sul-americano, caracteristicamente brasileiro. No início do regime, surgiam as primeiras questões repercutindo sobre uma escassa opinião pública. A primeira foi o Tratado das Missões e a segunda, a das emissões bancárias, que trouxe grande impopularidade ao novo regime.

Embora tivesse sido combinado entre os ministros que todos os assuntos de governo seriam previamente debatidos entre eles, foi surpresa para todo o Conselho a publicação do decreto de 17 de janeiro de 1890, que regulava as emissões bancárias.

Rui Barbosa, ministro da Fazenda, que exercia forte influência sobre Deodoro, convecera-o de que seria melhor assinar o decreto sem prévio debate, pois se tratava de assunto especializado.

A receptividade foi a pior possível, não só da parte dos ministros como também da opinião pública. Depois de muito insistirem junto a

Deodoro, os membros do Conselho conseguiram que fosse marcada uma reunião para o dia 30 de janeiro. Logo no início da conferência Deodoro tomou a palavra para dizer que "a lei bancária era um fato consumado, a cujo respeito julgava inconveniente qualquer insistência, sob pena de abandonar o poder".

Apesar da advertência, falaram os ministros. Rui Barbosa defendia o seu ponto de vista. A reunião prolongou-se muito, e há comentários sobre as notas publicadas na imprensa, especialmente a de censura, feita pela *Gazeta de Notícias*. Deodoro irrita-se com o jornal e deseja pôr em prática o decreto de 23 de dezembro. Benjamin Constant protesta. Jamais dará apoio a essa medida. Quando conclamou Deodoro para derrubar a Monarquia, tivera em vista defender as liberdades cívicas de um povo que vivia oprimido por um governo despótico. Assim, como poderá consentir que, em plena República, se queira esmagar a liberdade de imprensa? Para ele, a aplicação do decreto de 23 de dezembro é uma meia ditadura.

Dentre os primeiros assuntos cogitados pelo Conselho de Ministros, destacam-se a separação da Igreja do Estado, a instituição do casamento civil, o estabelecimento de duas ordens civis (as do Cruzeiro e do Mérito) e uma militar (a de Avis), e o decreto de 15 de dezembro (que concedeu naturalização a todos os estrangeiros residentes no Brasil por ocasião da Proclamação da República).

O projeto de Constituição é somente apresentado ao Conselho na sessão de 22 de julho de 1890, para ser sancionado pelo generalíssimo Deodoro e referendado pelos ministros.

Em 1º de dezembro de 1890 discute-se o assalto à *Tribuna Liberal*, assunto que escandalizara a opinião pública. Francisco Glicério diz que o ministério se acha em posição difícil que não será possível continuar no poder. Por esse motivo, solicita a sua demissão e a dos seus colegas. Deodoro nega a exoneração, dando ao gabinete plena autonomia para agir quanto ao assalto. E se insistirem na exoneração o generalíssimo se retirará também. Os ministros ponderam. Deodoro lamenta que de um fato policial se esteja fazendo um caso político. É por isso que, de há muito, ele pede uma lei de imprensa.

Havia um grupo de militares que cercava o marechal e que vivia proclamando que "só a rebenque se deviam ensinar certos *pasquineiros*". A *Tribuna Liberal*, órgão monarquista, era um dos diários visados por eles.

Em fins de novembro de 1890, Campos Sales, ministro da Justiça, fora informado de que estavam planejando um assalto àquele jornal. Disseram também que o ataque seria feito por altas patentes, incluindo-se os sobrinhos do generalíssimo. Comandando soldados à paisana, pretendiam depredar o jornal.

Campos Sales comunicara-se, imediatamente, com Deodoro, mostrando-lhe uma carta do proprietário da *Tribuna Liberal*, Antônio de Medeiros, pelo qual ele solicitava proteção, em vista de não confiar em qualquer autoridade policial.

Deodoro tranqüilizava seu ministro. Nada aconteceria.

Entretanto, poucas horas depois o edifício da *Tribuna Liberal* era assaltado e suas máquinas empasteladas. No ataque morreu um operário.

A repercussão foi tal que o ministério, no dia seguinte, 30 de novembro, redigiu uma carta de demissão coletiva, endereçada ao generalíssimo. Por isso a sessão extraordinária do dia 1º de setembro.

Em outra sessão, volta à baila a questão da imprensa. Dessa vez o problema é a pornografia. Deodoro, como sempre, é favorável a medidas enérgicas. Campos Sales diz que "em cada parte há excessos e abusos de imprensa, mas isso não contribui para que ela deixe de ser acatada e respeitada. A luta pelos meios violentos com a imprensa é contrária à opinião universal, porque em toda a parte do mundo se procura saber qual o futuro de um país, cujo governo amordaça a única força de energia que se apresenta para acusá-lo." E o ministro da Justiça explica que no novo código há medidas eficazes para pôr fim aos abusos da imprensa.

Em 17 de janeiro de 1891, há uma grande crise no Governo Deodoro. Abrindo a sessão do Conselho, o chefe de Estado expõe a questão da obra do porto de Torres e a necessidade de se conceder garantia de juros para a empresa que a executará. Está convicto de que se trata de uma realização da maior utilidade. Rui Barbosa, doente, enviara seu parecer por escrito, contrário a toda e qualquer concessão de garantia de juros, no momento, pois as já concedidas ressentem-se de excesso. Falam todos os ministros, intercalados por Deodoro, que insiste no assunto. Ante a negativa geral, Deodoro previne-os de que no dia seguinte estará à frente do governo o marechal Floriano Peixoto. Ele diz que a questão chegou a esse impasse por se tratar do nome do Sr. Trajano de Medeiros, a quem fora dada a concessão para as obras. Acha que é um capricho dos membros do Conselho, a que ele não se sujeita. A sessão é agitada. Não era mais possível conter a crise entre o generalíssimo e os ministros. Eram muitas as divergências. As relações eram demasiado tensas, e não foi possível, como pretendiam os ministros, conservar suas Pastas até a promulgação da Constituição, quando, a pretexto de optarem por suas cadeiras no Congresso, pediriam demissão. Mas há meses o marechal vinha lutando a fim de obter a garantia de juros para a construção do porto de Torres, no Rio Grande do Sul. A concessão fora dada ao seu íntimo amigo Trajano Viriato de Medeiros. Os ministros julgaram-na escandalosa. Glicério e Rui tentaram tudo para dissuadi-lo, mostrando-lhe os inconvenientes e procurando retardar o mais possível uma decisão, inventando toda espécie de formalidades que servissem de entraves. Quanto mais obstinado se mostrava o Conselho, mais ele se irritava Percebera claramente o intuito dos ministros de protelar a questão até a promulgação da Constituição. Na reunião do dia 17, Deodoro foi positivo – não assinaria mais ato algum antes de se decidir aquela questão.

Não era mais possível prolongar as divergências. Terminada a sessão, os ministros concordaram em se demitir logo que passasse a Constituição, em primeira discussão no Congresso.

No dia 20 de janeiro, resolveram fazer a renúncia coletiva. Enviaram um telegrama ao marechal Deodoro:

> Generalíssimo: Tendo sido votado hoje, pelo Congresso Nacional, em primeira discussão, o projeto de Constituição da República, circunstância da qual ficou dependendo a nossa retirada da gerência dos negócios públicos, pela demissão que demos dos nossos cargos na última conferência, celebrada em 17 do corrente, em conseqüência da nossa oposição à garantia de juros para a empresa do porto das Torres, aguardamos a designação dos nossos sucessores, reiterando-vos os protestos de nossa alta consideração.

Seguiam-se as assinaturas de Rui, Campos Sales, Glicério, Wandenkolk, Quintino e Cesário Alvim. Floriano estava doente, na estação de Palmeiras. Comunicado, envia-lhes um telegrama:

> Inteiro acordo. Solidariedade plena. Comunicar urgente se hoje mesmo é concedida a nossa demissão. Saúde a todos os colegas.

O marechal concede a demissão do ministério.

Poucas horas depois da divulgação do telegrama demissionário, morre Benjamin Constant.

A coincidência do desaparecimento desse republicano histórico serviu a uma campanha contra Deodoro, explorada por certos políticos.

O generalíssimo chamou seu amigo íntimo, o barão de Lucena, para organizar o novo ministério. Mas reservara três Pastas para a sua escolha pessoal: a da Guerra, a ser ocupada pelo general Antônio Nicolau da Frota; a da Marinha, pelo almirante Foster Vidal; e a do Exterior, por seu sobrinho, João Severiano da Fonseca Hermes, que até então exercia o cargo de secretário e redator das atas nas sessões do Governo Provisório.

Lucena não gostou da indicação de Fonseca Hermes, mas não se manifestou. Depois, teve uma reunião com Júlio de Castilhos, presenciada por Assis Brasil. Ofereceu-lhe uma das Pastas, mas Júlio de Castilhos recusou por não poder afastar-se do Rio Grande no momento. Convidou Assis Brasil para o Ministério das Relações Exteriores. Mas ficou assentado entre os três que Fonseca Hermes não faria parte do governo. No dia seguinte, o barão de Lucena teve de dar a notícia a Deodoro, que se conformou.

Com dificuldade, o barão compõe o ministério: Assis Brasil no Exterior, Tristão Alencar Araripe na Fazenda, João Barbalho no Interior e mais os dois ministros militares indicados por Deodoro.

Antes de sair a publicação das nomeações no *Diário Oficial*, o barão de Lucena achou melhor informar seus colegas da importância de referendarem o decreto que autorizaria a concessão do porto de Torres. Seria uma "homenagem às virtudes cívicas e privadas de Deodoro". Todos concordaram, com exceção de Assis Brasil. Este achava inoportuna a medida, embora fosse partidário de Deodoro. Por isso não aceitou a Pasta.

Na segunda sessão do ministério, no dia 7 de fevereiro de 1891, é finalmente assinado o decreto do governo que referendava a concessão. E assim, sem a participação de Assis Brasil, Lucena continua em dificuldades, só completando o ministério em fins de fevereiro, à época da promulgação da Constituição.

No dia 24 de fevereiro, a Mesa do Congresso Constituinte envia um ofício ao Conselho de Ministros dando notícia de que, naquela data, fora promulgada a Constituição dos Estados Unidos do Brasil. João Barbalho, usando da palavra em reunião do Conselho, sugere a conveniência de se baixar um decreto dando publicidade ao texto legal, que deve ser enviado a todas as autoridades da República para que o cumpram e façam executar. Contra tal sugestão se elevam as vozes de Deodoro, Tristão Alencar Araripe, almirante Foster Vidal e do secretário-geral Fonseca Hermes. Por isso fica resolvido não se divulgar o texto, não se baixando o decreto.

Constituição de 1891

A 22 de julho de 1890 é convocada a futura Constituinte para o dia 15 de novembro. As eleições deveriam realizar-se 60 dias antes, isto é, a 15 de setembro. A lei é complementada por outra, datada de 23 de outubro, determinando que, após a aprovação da Constituição, seriam eleitos o presidente e o vice-presidente da República. O Congresso Constituinte então se transformaria num Congreso ordinário, com Câmara e Senado.

No dia 15 de setembro, realizam-se as eleições em todos os Estados para a escolha dos constituintes federais. O pleito foi tumultuado e fraudulento. Em 4 de outubro, regulam-se as eleições para as Constituintes Estaduais.

Instalada a 15 de novembro de 1890, a Assembléia Constituinte é precedida de sessões preparatórias que duram do dia 4 ao dia 14 do mesmo mês.

No dia 21 de novembro, é realizada a eleição para a presidência da Assembléia. São 146 votos para Prudente de Morais e 81 para Saldanha da Gama.

Finalmente, concluem-se os trabalhos legislativos. É hora da eleição do presidente da República, que tem lugar a 25 de fevereiro de 1891. Mais pálido que de costume, a voz firme, Prudente de Morais anuncia, do alto da poltrona da Presidência da Assembléia, que se vai proceder à eleição do presidente e do vice-presidente da República. Os constituintes, um a um, depositam as suas cédulas na urna. Joaquim Saldanha Marinho, à sua vez, aproxima-se da mesa, os passos trôpegos de suas pernas cansadas. Vota e, depois, sobe até onde se acha Prudente, estreita-o num abraço prolongado. Conta-se, porém, que alguém havia trocado em seu bolso o voto que daria a Prudente por uma cédula de Deodoro . . .

Muitos congressistas fazem declarações de votos. Alguns afirmam, simplesmente, haverem votado no Dr. Prudente de Morais. Outros, dentre os quais Demétrio Ribeiro, fazem a declaração de não haverem votado no generalíssimo Manuel Deodoro da Fonseca. Há um voto, porém, que deve ficar registrado porque seu signatário vai tornar-se, muito depois, o chefe civil da revolução que acabará com a República, cujo presidente não mereceu o seu sufrágio.

> Declaro que não votei no Sr. marechal Manuel Deodoro da Fonseca para presidente da República.
>
> Pessoalmente, eu lhe devo provas de afeto, e distinções muito acima do meu merecimento.
>
> Patriota e antigo propagandista da República Federativa, devo-lhe imensa gratidão, por haver contribuído, decisivamente, para a definitiva destruição da Monarquia.
>
> Estes sentimentos, porém, não me tiram à razão a sua natural serenidade e inteireza, para reconhecer, auxiliado pela observação de longa série de fatos, que faltam a tão digno cidadão as qualidades elementares do homem do governo.
>
> (. . .) declaro mais que, sendo representante de eleitores que em tempo aceitaram a candidatura que agora repudio, corre-me o dever de honra de resignar, como resigno, o meu mandato.
>
> (. . .) 25 de fevereiro de 1891. *J.F. de Assis Brasil.*

Se os partidários de Deodoro tinham tomado providências, também os adeptos de Prudente haviam preparado os seus planos para a hipótese da vitória da sua candidatura, a fim de lhe assegurar a permanência no poder.

> Com estas disposições – depõe o almirante Custódio José de Melo – era nosso plano, mal víssemos, ao correr da apuração, que triunfaria a candidatura do Dr. Prudente de Morais, tomarmos rapidamente o carro que nos aguardava e dirigirmo-nos a toda pressa ao cais novo, onde embarcaríamos no escaler, que deveria achar-se aí às nossas ordens, para nos transportarmos para bordo do cruzador *1º de Março*. Seria nosso fim levantar as forças do mar, com as quais contávamos, sem que, entretanto, nos tivéssemos entendido com nenhum outro oficial, além daqueles a que nos referimos. Apenas encarregado de

falar a respeito com os oficiais do navio de seu comando fora o capitão-de-fragata Rodrigo José da Rocha.

. . . .

Como era previsto, no dia do esperado acontecimento, a Guarnição da Capital achava-se de prontidão, em seus respectivos quartéis, e o Ministério reunido, no Palácio do Itamarati. Do Congresso trabalhava o telefone para este Palácio e dele para o Congresso; ordenanças a cavalo, transmitindo ordens, circulavam em todas as direções. O salão do Congresso e suas dependências achavam-se literalmente cheios; grande número de soldados à paisana e secretas da Polícia, visivelmente armados, confundiram-se com os Congressistas e com amigos e correligionários destes e todos preparados, uns para a agressão, outros para a resistência, ocupavam firmes e resolutos seus postos ao começar o processo da votação.

As providências que havíamos tomado tinham sido rigorosamente observadas. Postados estavam nos lugares convencionados o carro e o escaler, que teriam de conduzir-nos: aquele, ao cais novo e este, para bordo do cruzador *1º de Março*, bem como nos aguardava, dentro do carro, o oficial que deveria acompanhar-nos até aquele navio, de onde levantaríamos as forças de mar, para reivindicar a honra nacional, se fosse ela ultrajada. À última hora, foi-nos dado conhecimento de que uma outra providência tomaram os oficiais do transporte *Purus* por iniciativa própria, na hipótese de um movimento por mar, isto é, prepararam este navio com o fito de impedir que o Batalhão Naval passasse da Ilha das Cobras para o Arsenal da Marinha.[1]

Cortando a angustiosa expectativa, faz-se ouvir, afinal, a voz resoluta de Prudente de Morais:

– Votaram 234 senhores representantes; vai-se abrir a urna, para se verificar o número de cédulas.

Procede-se à contagem. O presidente da Assembléia anuncia:

– Estavam na urna 234 cédulas.

Faz uma pausa e prossegue:

– Apesar de não ter sido candidato à eleição que o Congresso vai proceder, constando-me de que o meu nome está envolvido nesta eleição, convido o Sr. vice-presidente do Congresso a ocupar esta cadeira.

Há protestos que Prudente agradece numa curvatura, passando a presidência a Antônio Eusébio Gonçalves de Almeida.

Os primeiros votos são favoráveis a Prudente de Morais. Há um sussurro nas galerias, mas a apuração prossegue. Finalmente, Antônio Eusébio proclama o resultado:

Manuel Deodoro da Fonseca . . . . 129 votos
Prudente de Morais Barros . . . . 97 votos

---

[1]Custódio José de Melo. *O Governo Provisório e a Revolução de 1893*, edição póstuma, vol. 1, pp. 50-1.

Floriano Peixoto .... 3 votos
Joaquim Saldanha Marinho .... 2 votos
José Higino Duarte Pereira .... 1 voto[2]
Cédulas em branco 2

Declara Antônio Eusébio:

– Está eleito presidente da República dos Estados Unidos do Brasil o Sr. Manuel Deodoro da Fonseca.

Em seguida, é feita a eleição para vice-presidente, tendo o marechal Floriano Peixoto, candidato da oposição, recebido 153 votos, enquanto seu competidor, o vice-almirante Eduardo Wandenkolk, candidato do governo, obteve apenas 57 sufrágios.

O regime ditatorial persistia

Embora promulgada a Constituição Republicana, o regime ditatorial persistia nas relações entre a União e os Estados, desde que estes teriam de aguardar sua própria Constituição. A primeira sessão ordinária do Congresso, instalado em 15 de junho de 1891, evidencia o choque entre o Poder Legislativo e o Executivo, onde sobressai a figura do barão de Lucena, o homem forte do Governo Deodoro. *A corda arrebenta do lado mais fraco*. Deodoro havia convocado eleições, reunindo a Assembléia que o elegera presidente da República, mas que não se lhe submete. E a 3 de novembro o voluntarioso comandante dissolve o Congresso. Institui o "estado de sítio", provocando um manifesto de protesto, redigido por Campos Sales e tendo como primeiro signatário Prudente de Morais. Sua publicação no *Correio Paulistano* é impedida pela Polícia, sendo então divulgado em boletins clandestinos. Em todo o Rio Grande do Sul, guarnições militares, encabeçadas pelas de Bagé e Rio Grande, sublevam-se contra a decisão de Deodoro. *A Federação* publica um abaixo-assinado de deputados do Rio Grande do Sul, e o presidente do Estado Júlio de Castilhos recua da atitude, tomada inicialmente, de aprovação da dissolução do Congresso. Na Câmara Estadual paulista, o deputado Aureliano Coutinho consegue aprovar uma moção de apoio ao presidente do Estado e ao presidente da República pelo ato de dissolução do Congresso. Mas, no Rio Grande do Sul, Júlio de Castilhos, apesar de sua retratação, é deposto da presidência e substituído por um triunvirato composto por Assis Brasil, Barros Casal e o general Manoel Luís da Rocha Osório. Assis Brasil, em telegrama ao barão de Lucena, em nome do triunvirato, declara-se disposto a resistir ao golpe desfechado por Deodoro. Oficiais da guarnição

---

[2] Voto de Prudente de Morais.

militar de Porto Alegre prestam juramento de opor toda resistência ao governo federal enquanto Deodoro persistir no desrespeito à Constituição.

Deodoro responde ordenando a prisão de oficiais da Marinha que lhe dirigiram uma reclamação coletiva, por intermédio do ministro Costa Vidal. Tenta substituir esse titular pelo almirante Saldanha da Gama, mas a nomeação é imediatamente anulada em face da possibilidade de um levante na esquadra.

Os operários da Estrada de Ferro Central do Brasil declaram-se em greve, em oposição ao Governo Deodoro.

O almirante Custódio José de Melo assume a chefia de unidades da armada rebeladas contra Deodoro, instalando seu comando no couraçado *Riachuelo,* enquanto o almirante Saldanha da Gama, impotente para conter a revolta na Marinha, solicita ao barão de Lucena tropas de infantaria para atacar os insurretos.

Deodoro ordena a prisão do almirante Wandenkolk e de Quintino Bocaiúva. Seu estado de saúde se agrava. Em 23 de novembro, reúne Lucena, João Barbalho, Araripe e declara: "Já não sou presidente da República e vou pedir a minha reforma."

Manda seu secretário, em carruagem, à residência do marechal Floriano Peixoto para convidá-lo a ir ao Palácio a fim de assumir o governo como vice-presidente da República.

Tendo renunciado ao seu alto posto, Deodoro mandou imprimir e distribuir o seguinte manifesto:

> Brasileiros!
> Ao sol de 15 de novembro de 1889, dei-vos, com meus companheiros de armas, uma Pátria livre e descortinei-lhes novos e grandiosos horizontes, dignificando-a e engrandecendo-a aos olhos dos povos todos do mundo.
>
> Este acontecimento de elevadíssimo quilate patriótico, aplaudido pela Nação, fazendo-a entrar em nova fase na altura de seus destinos históricos, é para mim e será sempre motivo do mais nobre e justo orgulho.
>
> Circunstâncias extraordinárias, para as quais não concorri, perante Deus o declaro, encaminhavam os fatos a uma situação excepcional e não prevista.
>
> Julguei conjurar tão temerosa crise, pela dissolução do Congresso, medida que me custou a tomar, mas de cuja responsabilidade não me eximo.
>
> Pensei encarreirar a governança do Estado por via segura e no sentido de salvar tão anômala situação.
>
> As condições em que nestes últimos dias, porém, se acha o País, a ingratidão daqueles por quem mais me sacrifiquei, e o desejo de não deixar atear-se a guerra civil em minha cara Pátria, aconselham-me a renunciar o poder nas mãos do funcionário a quem incumbe substituir-me.
>
> E, fazendo-o, despeço-me de meus bons companheiros e amigos que sempre se me conservaram fiéis e dedicados, e dirijo meus votos ao Todo-Poderoso

pela perpétua prosperidade e sempre crescente florescimento do meu amado Brasil. Capital Federal, 23 de novembro de 1891. Marechal Deodoro da Fonseca.

À renúncia de Deodoro seguiu-se a imediata derrubada dos governos estaduais que se tinham solidarizado com o golpe de estado. Floriano reage recomendando energia: "Trata-se de oficiais declarados adversários e *sobrinhos do tio,* mesmo por isso devemos proceder com toda energia, mas não exorbitando o limite da lei: assim ganharemos prestígio e não seremos tachados de parciais e vingativos."

Discute-se, desde logo, a *legitimidade* e a *legalidade* do exercício do poder assumido por Floriano Peixoto. Rui Barbosa proclama a necessidade de ser eleito, nos termos da Constituição, um novo presidente pelo voto direto: "Em meu humilde entender, não há dúvida quanto à necessidade constitucional de proceder-se à nova eleição do presidente da República, uma vez que a vacância se abriu no primeiro biênio do período presidencial." Diz ainda, incisivamente: "Com essa eleição teremos que vencer uma crise. Mas essa crise tem na eleição mesma a sua solução natural. Crise incomparavelmente mais temerosa, crise dilatada, crise em permanência, crise indeslindável seria a prorrogação da presidência atual, sustentada contra a lei, por uma interpretação de condescendência: pois essa crise viciaria a autoridade do poder nas suas partes, legal e moralmente, imprimindo-lhe um cunho de ditadura interessada."

Surgem movimentos de oposição. *Começam os tempos de Floriano.*

Deodoro morreu a 22 de agosto. Cumprindo-lhe o último desejo, vestiram-no à paisana e dispensaram as honras militares a que tinha direito. Apesar disso, pararam o enterro em frente ao quartel-general, onde um orador relembrou os seus feitos.

O Governo de Floriano

O Governo de Floriano refletiu a relação de forças no bloco do poder. Os oligarcas foram fortes para derrubar Rui e Deodoro, mas não o suficiente para assumirem, sozinhos, o poder.

O novo governo corta os estímulos às atividades manufatureiras. Os negócios caem. As percentagens de aplicação de capital diminuem.

O marechal-de-ferro tornou-se um símbolo. Personagem fantástico, impossível de fazer coincidir com as suas justas medidas e consolidar com palavras e atitudes. Deveria ter sido o instinto da sobrevivência do povo brasileiro que nele viu um remédio heróico, a resistência extrema, encarnando a própria vitalidade da Nação em face de uma revolta que alastraria como um incêndio e poderia levar às conseqüências mais imprevistas.

Na sucessão de figuras e fatos da história política do Brasil, Pedro I é sempre um gesto, Deodoro, uma atitude, Floriano, um mito.

Assumindo com a renúncia do marechal Deodoro da Fonseca, o vice-presidente, general Floriano Peixoto, permanecerá na presidência até o fim do mandato, deixando de cumprir o preceito constitucional do art. 42, seção 11, que determina novas eleições "no caso de vaga, por qualquer causa, da Presidência ou da Vice-Presidência, se não houverem ainda decorridos dois anos do período presidencial".

As relações do Executivo com o Legislativo eram difíceis. Mas, ao passo que existiam parlamentares que resistiam às ameaças de novos golpes de estado, havia outros, os que defendiam a posição de Floriano. Para Campos Sales, "o governo tira a sua força da sua própria atitude". E Floriano estava decidido a se manter no poder, depositário único de toda a autoridade. A ele parecia secundário marcar nova eleição presidencial, pois que o país atravessava séria crise política, econômica e social, e o principal era a manutenção da ordem. Pela mesma motivação, teria estado a ponto de se perpetuar no poder, findo o período presidencial, para o qual fora eleito vice-presidente. Para ele, a eleição era uma formalidade sem conseqüência.

Enquanto Floriano estende o período das consultas, os congressistas, reagrupados no Rio de Janeiro desde a abertura do Congresso, reúnem-se em Convenção Republicana para fundar o novo partido e escolher Prudente de Morais. Floriano procura atrair Glicério, que se mantém fiel aos seus amigos de São Paulo.

No dia 26 de setembro, a Convenção do Partido Republicano Federal indicou as candidaturas de Prudente de Morais e Manoel Victorino para a Presidência da República.

Parece que Floriano queria, exatamente, ganhar tempo com a movimentação de candidaturas inviáveis. Os políticos, porém, estavam desejosos de substituir Floriano, que frustrara os seus planos. No Rio de Janeiro, aproveitando a reabertura da sessão legislativa, os congressistas reúnem-se em convenção para escolher Prudente. Floriano volta-se para Glicério, que estava em destaque com a fundação do PRF. Talvez lhe tenha oferecido, francamente, a sua sucessão. Mas Glicério, se estava no auge do poder, "general das vinte e uma Brigadas", era vigiado pela polícia secreta de Floriano e atraía suspeitas de seus próprios correligionários. O jogo de Floriano era dividir a política paulista, pondo em confronto Prudente e seus amigos e Glicério e seu reduto de Campinas. Glicério não aceitou esse desempenho.

As circunstâncias curiosas da sucessão de Floriano e seu comportamento na posse de Prudente e transmissão de poderes autorizam as mais desencontradas versões. Os biógrafos e cronistas de Floriano Peixoto têm querido negar a hipótese de que ele houvesse pensado em conservar o poder depois de 15 de novembro. Se o marechal, dizem eles, tivesse tido realmente tais intenções, não teria por certo permitido que, em 1º de março, se fizesse a eleição do seu sucessor, expedindo para tal fim, como lealmente fez, as instruções contidas no decreto de 7 de fevereiro.[3] Para ter, porém, esse argumento como decisivo, é necessário admitir também o seguro e cauteloso vice-presidente como capaz de uma grosseira e simples imprudência. Do princípio de fevereiro aos meados de março, a revolução federalista, ainda apoiada no levante da esquadra, tocava o ponto mais alto do seu período ascendente. Gumercindo Saraiva encontra-se a algumas horas de marcha do território de São Paulo, onde o presidente Bernardino de Campos, para se opor à sua passagem, levantara uma numerosa força civil que, equipada e mantida com os recursos do Estado, era indubitavelmente sua, isto é, da política paulista, apesar de subordinada à direção superior do Ministério da Guerra. Se naquele instante o consolidador tivesse oposto um embargo formal à eleição de Prudente de Morais, ninguém poderia prever as reações estratégicas dessa temeridade sobre o avanço dos federalistas em direção ao Rio de Janeiro. Mas no mês de setembro as condições haviam mudado inteiramente. Os últimos contingentes revolucionários desapareciam em fuga pelas fronteiras da República Argentina. Paraná e Santa Catarina estavam sob o domínio dos chefes militares, e o Rio Grande do Sul era um vasto acampamento de tropas em repouso, enquanto as forças de São Paulo já tinham sido dispersadas. Com um pouco de decisão, o marechal imprimira aos acontecimentos a forte intenção de prolongar a ditadura florianista muito além de tudo quanto poderia suportar a Constituição de 24 de fevereiro, não podemos ter a menor dúvida. O plano geral do grande golpe de estado foi seriamente estudado e as suas emendas preliminares, contidas na prorrogação do estado de sítio e no adiamento do Congresso, chegaram a ser publicamente apresentadas e defendidas. Argumentava-se que o marechal, pela necessidade de combater o espírito de revolta e sufocar a guerra civil, não pudera dar à organização geral do Brasil, em moldes desejáveis aos verdadeiros patriotas, todo o seu providencial devotamento. Era dispendioso conservá-lo no governo por mais dez anos. . . O "Manifesto Político" do vice-presidente Manoel Victorino é, sobre esse ponto, um documento irrecusável e deveras precioso. Leia-se este trecho:

> Era muito tarde para o grande patriota realizar os seus planos políticos e faltava-lhe o pessoal hábil para a consecução dos seus fins. Foi-lhe muito mais fácil

---

[3] Decreto nº 1.688, de 7.2.1894, dando instruções para as eleições de presidente e vice-presidente da República, de acordo com o § 1º do art. 47 da Constituição Federal.

dominar a revolta do que criar homens políticos que o auxiliassem a republicanizar a República e a nacionalizar a Nação. Poucos dias lhe restavam de governo e poucos meses de vida, infelizmente, e sua obra, sem a energia e a firmeza do seu pulso, era a guerra civil e a anarquia. No bojo da prorrogação do sítio e do adiamento do Congresso, eu pressenti que se tentava realizar essa empresa gigantesca e perigosa. Os sintomas, os mais graves, de ataque à autonomia dos estados se manifestavam em Pernambuco, no Rio Grande do Norte, no Maranhão, na Bahia, em São Paulo e até no Rio de Janeiro. Era a conflagração geral que se anunciava.

Como se vê, mesmo um homem com a cultura política e as responsabilidades intelectuais de Manoel Victorino, para desaconselhar a tirania, já pensava no respeito devido à lei fundamental da República. O grande inconveniente para a aceitação da ditadura militar como forma normal de governo estava apenas nas precárias condições de saúde do ditador preferido. A organização política do Brasil republicano, entre a dispersão do Exército de Gumercindo Saraiva, nos primeiros dias de agosto, e o encerramento do período presidencial, a 15 de novembro, esteve em grande perigo de abandonar os seus últimos limites constitucionais para se moldar apenas no arbítrio pessoal de um só homem. . .

O marechal Floriano Peixoto, tocado pela fatalidade, quando o cercava uma profunda e cega idolatria que homem público algum, entre nós, jamais conhecera, largou o governo num inédito e escandaloso gesto de mau humor.

CAPÍTULO III

A REPÚBLICA CIVIL

A República civil e democrática, elegendo seu presidente pelo voto direto do povo, teve início a 15 de novembro de 1894, com Prudente de Morais. Republicano da propaganda, deputado constituinte e presidente da primeira Assembléia Constituinte Republicana, seu nome foi levantado como uma bandeira para se contrapor à candidatura do marechal Deodoro da Fonseca. Vencido no pleito, que se travou em um ambiente infestado de agentes da Polícia, à paisana, armados e cercados de tropas do Exército, Prudente atuou desbravadamente quando o Congresso foi fechado por Deodoro. No momento em que este foi reaberto para a posse de Floriano, Prudente de Morais ocupava a Presidência do Senado e lutou contra a ditadura militar.

Eleito e reconhecido presidente da República, Prudente de Morais preparou a vinda para o Rio de Janeiro, onde providenciaria a instalação do seu governo. Os jornais da época noticiavam, com insistência, mas sem destaque, que Prudente de Morais "chega hoje". No dia 2 de novembro ele desembarcou na estação central. Nenhum representante de autoridades, nem políticos, nem povo. A posse de Prudente de Morais foi certamente a mais informal de que se tem registro em 100 anos de República. Seus antecessores concederam-lhe apenas a deferência de seu desprezo. Depois de uma cerimônia de posse deplorável no Palácio do Arcos – onde teve que contar com a gentileza do embaixador inglês para dispor de uma carruagem que o transportasse –, assumiu suas funções num Palácio Itamarati vazio, onde nem mesmo um criado havia que lhe mostrasse as dependências.

* * *

Prudente de Morais representou a passagem do poder discricionário da classe militar para a casta política, ainda em organização. Era esmagador o peso da herança florianesca.

A morte de Saldanha assinalava o fim da guerrilha no Rio Grande. A 10 de julho realizou-se a Conferência da Paz entre o general Inocêncio Galvão de Queiroz, comandante-em-chefe das forças legalistas no Estado, e o general Honório João Nunes da Silva Tavares. Uma exigência dos federalistas, a de que a União se comprometesse a promover a reforma da

Constituição Estadual, não foi atendida por Prudente, que a considerava uma intervenção no Estado. Os federalistas concordaram.

Na área militar, os propósitos de pacificação começavam a encontrar sincero apoio. Não havia mais a disputa de cargos públicos como privilégio do uniforme. Nas guarnições, começava-se a olhar com desconfiança os políticos muito insistentes em suas declarações de entusiasmo pelos militares. Generais de prestígio – Machado Bittencourt, Cantuária, Bernardo Vasques – constituíam-se em restauradores da disciplina. O Exército afastava-se da política. Os métodos da ditadura, baseados na intervenção constante da força militar, eram relegados ao passado. Apenas aqueles que se haviam apaisanado, no gozo prolongado das funções públicas, não se conformavam com a mudança.

Parecia vencida a grande preocupação que afligia Prudente, mesmo antes de assumir a Presidência: encerrar o período militar na política republicana. Restabelecer a paz: "O melhor serviço que, na atualidade, posso prestar à República."

A Revolução de 93 e a participação de Saldanha da Gama, acusado de querer restaurar a Monarquia, tinham servido aos que eram a favor da manutenção de tropas em serviço para consolidar a República. Floriano morrera, mas não morrera o florianismo. Sobrevivera o entusiasmo da mocidade das escolas de guerra pelo ídolo militar. Os civis desmobilizados dos batalhões patrióticos conservaram o gosto das atitudes marciais. Esse resíduo poderia aquecer-se com qualquer fogo, e o episódio de Canudos fará reaparecer as fardas daquelas milícias, exibindo-se nas reuniões das esquinas e nas conversas das mesas dos cafés, em comentários desfavoráveis a Prudente, que não poderá dominar a rebelião sertaneja sem o pulso forte da reação florianista.

Restava, finalmente, o ressentimento do chefe do Partido Republicano Federal, Francisco Glicério, e de outros próceres que se queixavam de que Prudente não os ouvia nas suas decisões. Abertamente, reclamava-se sua submissão ao partido que o elegera.

A concessão da anistia restrita de 1895 revela a crise. Acusam o Presidente de estar de mãos dadas com os federalistas do Sul e os revoltosos de setembro. O país era governado pelos vencidos. Circulavam rumores de que se tramava a deposição de Prudente.

A agitação ganha o Clube Militar, que se reúne, a 21 de março de 1896, votando uma moção, em termos candentes, para afirmar sua dedicação e lealdade à República. O texto foi logo comunicado às guarnições militares dos Estados, ao general Glicério e a Quintino Bocaiúva.

A saúde de Prudente ressentia-se com o agravamento da crise política. Em outubro, submete-se a uma intervenção cirúrgica para extrair cálculos da bexiga. É operado, em sua residência de verão, no morro do Inglês, pelo Dr. Pedro Afonso Franco, assistido pelos Drs. Barata e Oscar

Bulhões. A convalescença será demorada. Aconselharam-no a passar o governo ao vice-presidente Manoel Victorino.

O vício dos vices

No incongruente processo brasileiro, a substituição do presidente pelo vice-presidente, como manda a lei, nem sempre representa a continuidade, como seria natural se ambos tivessem a mesma orientação política. Não deu certo a substituição de Deodoro por Floriano. Nem foi boa a substituição de Prudente por Victorino.

Manoel Victorino, ao contrário de um continuador, era apontado como chefe da conspiração dos elementos que se opunham à política de Prudente. O fim da guerrilha no Rio Grande ainda não era a pacificação geral. O sertão da Bahia estava convulsionado. E uma transformação compulsória do substituto em sucessor, decorridos dois anos do período governamental, como permitia a Constituição, apresentava novas perspectivas aos que não aceitavam Prudente. Entre eles destacavam-se os elementos vermelhos do florianismo e os castilhistas do Sul. As modificações introduzidas no ministério logo que Manoel Victorino assumiu denunciaram, claramente, que havia o forte empenho de transformar o afastamento de Prudente em renúncia definitiva.

Manoel Victorino era apontado como chefe da conspiração. Assumindo a Presidência, reúne no Senado alguns dos próceres mais em evidência. Descreve a situação, frisando que não lhe é possível governar sem modificação ministerial. Traça um programa de governo que não é mera substituição temporária. Declara que o país não pode viver em regime de recuos e irresoluções. Torna-se necessário um governo alicerçado em bases duradouras, capaz de executar um programa. À vista das dificuldades que enumera, só vê uma solução: a cordata renúncia de Prudente.

Logo desponta o primeiro apoio, na palavra de Ramiro Barcelos. A sugestão ganha terreno, como se esperassem apenas que alguém a formulasse para a apoiarem.

Mas chega Bernardino de Campos, que acaba de assumir a cadeira de senador, depois de concluído o seu mandato de presidente de São Paulo. Reage habilmente, contornando a crise:

— Senhores, a situação, a meu ver, não é assim tão difícil. Alega o Sr. vice-presidente da República não lhe ser possível assumir as responsabilidades do governo, tendo como auxiliares diretos pessoas com quem foi obrigado a romper. Mas é bem fácil resolver-se o problema; bastará que se promova a composição ministerial.

— Ao que se sabe, porém — aparteia Manoel Victorino —, o senhor presidente não aceitará uma recomposição.

– É um caso a verificar-se. Vossa Excelência indicará os nomes que mais lhe convêm, e eu me incumbirei de falar a respeito com o Sr. Prudente de Morais.

Recostado nas almofadas de seu leito de enfermo, no quarto em penumbra, Prudente recebe Bernardino. Não fora fácil o acesso até o enfermo, que permanece em repouso. A insistência de Bernardino venceu a reserva de D. Adelaide, esposa de Prudente. Ele ouve, silencioso e mal-humorado, a exposição dos fatos:

– Quer saber de uma coisa, Bernardino, esses sujeitos são uns canalhas!

– Mas, Prudente, você precisa atender à realidade da situação. Trouxe-lhe os nomes que o Victorino indicou...

– Não aceito nada! Não trato com canalhas!

– Tenha paciência, somos velhos amigos e a situação é difícil. Eles querem exatamente a sua recusa, para com ela justificar um golpe. Da lista que trouxe, e que é longa, você escolherá os nomes que entender. E seu prestígio continuará o mesmo...

– Bem. Está bem... Diga lá quais são os tais nomes.

– Devo dizer que o Victorino quis incluir o meu nome.

– Você?!...

– Para a Pasta da Fazenda...

– Mas, Bernardino, por que você não me disse antes. Vá para a Pasta da Fazenda, que eu aceito tudo!...

A 8 de dezembro, Prudente deixa a casa do morro do Inglês e sobe para Teresópolis, a fim de consolidar a cura.

Manoel Victorino assume a Presidência da República a 10 de novembro de 1896. Adota como programa financeiro a proposta de seu ministro da Viação, Joaquim Murtinho, o arrendamento das estradas de ferro, cortes orçamentários, apregoando uma nova era que desperta o entusiasmo popular e repercute favoravelmente no exterior. Manobra habilmente, atraindo as simpatias do jacobinismo, que acusara de estar ligado a Prudente. Incrementa os trabalhos do Legislativo, conseguindo a votação das leis de que necessita para a execução de seus planos. Não é uma interinidade. É uma substituição. Deslumbrado pelo poder, Victorino alimenta a ambição de guardá-lo, ao menos até o fim do quatriênio de Prudente de Morais.

A segunda posse

Manoel Victorino preparava-se para uma longa estada na Presidência. Mudara a sede do governo do Palácio Itamarati para as instalações mais atraentes do antigo Palácio do Conde de Nova Friburgo, que passaria a ser chamado do Catete. Mudariam as estátuas que ornavam suas cimalhas pelas águias de bronze que lhe dariam outro cognome – o Palácio das Águias. Foi, pois, uma surpresa para ele e os meios políticos a volta inesperada de Prudente.

A 4 de março, sem que se tenha publicado uma linha, Prudente desembarca do trem de Teresópolis, na velha estação de Triagem. Está magro, as grandes barbas grisalhas. Vêm com ele apenas pessoas da família. Bernardino de Campos, avisado por carta de 27 de fevereiro, não foi esperá-lo para não despertar suspeitas. Repete-se a cena da primeira posse, sem recepção oficial ao presidente da República.

À saída da estação, toma um carro de praça. A carruagem roda pela cidade, no passo tardo de suas velhas alimárias, rumo ao Catete.

A sentinela, surpreendida, alerta a manhã de sol com o clarinada estridente, chamando a guarda para a continência presidencial. O pelotão acorre, certo de que Manoel Victorino voltou mais cedo de sua casa na Tijuca, onde pernoitara. Mas não é o vistoso landau da Presidência que entra, e sim um modesto fiacre de aluguel, descendo dele, ereto, na verticalidade que o caracterizava, Prudente de Morais.

Minutos depois, um cabo de guarda leva a Manoel Victorino o ofício em que o Presidente comunica haver assumido o governo.

Nos quase quatro meses de seu afastamento, cresceram as ameaças de deposição. Multiplicaram-se as crises. Canudos vivera a tragédia da terceira expedição, com o sacrifício de Moreira César, Tamarindo e muitos oficiais e soldados. As primeiras notícias daquele desenlace chegaram ao Rio de Janeiro a 7 de março. No Largo de São Francisco, formou-se um grande cortejo que partiu pelas ruas a pedir a morte imediata dos "inimigos da República". As redações e oficinas dos jornais monarquistas – *Liberdade, Gazeta da Tarde* e *Apóstolo* – foram atacadas e depredadas. A residência do coronel Gentil José de Castro, capitalista tido como subvencionador daqueles periódicos, era invadida e saqueada. Ele mesmo foi perseguido, capturado e assassinado no dia imediato, quando embarcava em um trem para Petrópolis.

Reorganizavam-se os batalhões patrióticos, o "Tiradentes", o "Benjamin Constant", o "Frei Caneca" e o "Acadêmico", formando-se mais três, o "Deodoro", o "Silva Jardim", o "Moreira César". Enquanto essas milícias fardadas enchiam as ruas, a Polícia desaparecia delas.

Prudente tentava dominar a situação contando, sobretudo, com a coragem e a lealdade do ministro do Interior, Amaro Cavalcânti, que saiu à rua para tomar pessoalmente as providências. Mas nem o presidente se sentia seguro dentro de sua nova e grande residência presidencial, guardada por uma simples seção de Infantaria, comandada por um tenente que não poderia resistir por muito tempo caso os agitadores que tumultuavam as ruas se dirigissem para o Catete.

O clima de insegurança contaminava a imprensa. A própria Polícia avisava que não tinha elementos de repressão. Tobias Monteiro estava em seu posto, na redação do *Jornal do Comércio*, quando lhe foi comunicado que os jacobinos atacavam jornais. Fechou a redação e saiu à procura de Rui Barbosa, para fazê-lo fugir. Rui já estava em Friburgo, mas lá mesmo se sentia ameaçado. Transferiu-se para a Bahia, onde fez duas conferências contra o jacobinismo. Tobias repetiu, para Américo Jacobina Lacombe, ter ouvido de Pinheiro Machado que a "maior qualidade de Rui não era o talento, mas a coragem". O triunfo sobre Canudos, prolongando-se na deposição do governador da Bahia, Luís Viana, teria de se completar no Rio de Janeiro pela ocupação, *manu militari,* do Palácio do Catete.

Apareciam as ameaças de novas revoltas sertanejas. Em Juazeiro, no Ceará, teve início um movimento de solidariedade ao místico de Canudos, chefiado pelo padre Cícero Romão, em torno do qual se agrupavam multidões crescentes de beatos.

Em Pernambuco apareceu outro místico – José Guedes –, que enfrentou os interrogatórios policiais com altanaria e estoicismo.

Surgiu um monge no Paraná, enigmático e soturno.

As expedições custavam dinheiro e o Tesouro estava exausto. Se as derrotas militares abatem o ânimo da soldadesca, enquanto excitam as reivindicações dos jacobinos, desencadeando as tempestades políticas, as dificuldades financeiras criam embaraços imediatos. O programa anunciado por Manoel Victorino resulta impraticável, agravando a crise econômica. Tendo de enfrentar todos esses problemas, o governo conta com Bernardino de Campos como o general dessa batalha. É preciso recomeçar tudo. Renovar a Polícia – que havia cruzado os braços diante dos conflitos verificados, pois também fora tomada de pânico. É nomeado um novo chefe, indicado por sua energia: Manuel Edwiges de Queirós Vieira, o Mãozinha. São dissolvidos os batalhões patrióticos.

Mas o governo está abalado em seus alicerces. O ministro da Guerra, general Francisco de Paula Argolo, recebe um telegrama do Clube Militar da Bahia, felicitando-o pela sua "atitude de resistência ao desejo do Presidente da República de reduzir o efetivo do Exército". Argolo responde, agradecido.

Na primeira reunião ministerial, Prudente interpela o ministro da Guerra. Soube do fato pelos jornais, aos quais são comunicadas as notícias antes que o Presidente as conheça. Por quem?

Argolo perturba-se. Se o Presidente não está satisfeito, só lhe resta pedir demissão. Prudente responde:

– Eu prefiro que assim seja, porque já estava resolvido a dá-la.

O ex-ministro retira-se. O Presidente encarrega o chefe da Casa Militar, coronel Luís Mendes de Morais, de procurar o marechal Carlos Machado Bittencourt. O coronel precipita-se para a porta. Na Rua do

Catete passa um bonde. Sentado em um dos bancos, à paisana, viaja Machado Bittencourt. É imediatamente levado ao salão dos despachos, onde a reunião continua.

– Considere-se empossado e tome o assento à mesa, nesta cadeira vaga. A formalidade do termo e do comparecimento do ministro ficam para amanhã.

A reunião prossegue, com o novo ministro da Guerra participando de seus trabalhos.

No dia 28, a tempestade se abate sobre o Congresso. Também aí a tensão chega ao auge. A crise política completa-se com a inquietação militar.

O levante da Escola Militar era a motivação esperada para deflagrar outra crise, de natureza política, que se vinha processando desde maio de 1895, quando o Congresso fora reaberto. Queixavam-se senadores e deputados da ausência de uma direção, tornando-se, sobretudo, sensível a falta de uma convivência mais estreita nas relações entre os dois poderes. O Presidente, instado a dar a conhecer seu pensamento, fechava-se em seu isolamento e respondia que era assim que compreendia o preceito constitucional da separação e independência dos poderes soberanos:

– Eu sou o Executivo, vós sois o Legislativo.

Ao findar o Governo Floriano, organizara-se o Partido Republicano Federal. Para chefe fora aclamado Francisco Glicério, cujo prestígio, vindo da propaganda republicana, ia ser duramente posto à prova.

Encerrada a campanha do Sul, foi agitada a questão da anistia. Em ambas as casas legislativas, cogita-se de projetos nesse sentido. Mas persistia, nos meios ligados a Floriano, o temor da restauração monárquica, que era um empecilho à idéia de pacificação total, abrangendo todos os vencidos. Campos Sales teve a iniciativa de apresentar um projeto de anistia "a todos os brasileiros que, direta ou indiretamente, tivessem tomado parte na Revolução de fevereiro de 1893, no Sul, ou na Revolta de Setembro, do mesmo ano, iniciada na baía do Rio de Janeiro". Eram excetuados da medida os oficiais superiores e os generais do Exército e da Armada, bem como os civis que, como cabeças, tivessem deliberado, excitado ou dirigido o movimento, ou assumido o comando de corpos organizados, ou tomado parte em governo ou junta governativa revolucionária. Ao Executivo caberia conhecer e discriminar, administrativamente, as responsabilidades.

Esse projeto foi tido como exageradamente liberal e combatido no Senado, onde acabou rejeitado por um voto de maioria.

Prudente altera o texto, recomendando a Campos Sales que apresente um substitutivo no Senado, o que ele faz. É malrecebido nos círculos dos intransigentes, e Glicério se apressa a ir ao Itamarati falar com Prudente. O Presidente informa a Campos Sales: "O Glicério está magoado por não ter sido ouvido e mostra-se contrário à idéia da anistia."

O Partido Republicano Federal – a catedral aberta a todas as crenças, como fora anunciado – tinha, nessa mesma heterogeneidade, o germe da dissolução.

Assim, quando J. J. Seabra, na sessão da Câmara dos Deputados de 28 de maio de 1897, apresenta um requerimento para que seja nomeada uma comissão, "a fim de congratular-se com o presidente da República pela manutenção da ordem pública e prestígio da Constituição", Glicério vai à tribuna para combatê-lo, dizendo que o requerimento visa a colocar os deputados nesta alternativa: "Aprovarmos a proposta e condenarmos não o ato de indisciplina dos rapazes, mas a solidariedade legalista e republicana que nos prende àquele histórico depósito de nossas afeições, ou rejeitarmos a proposta, significando assim, da nossa parte, desconfiança ao presidente da República."

A proposta foi rejeitada em votação nominal por 86 votos contra 60. No dia seguinte, o presidente da Câmara, afirmando a sua solidariedade com os que haviam apoiado a proposta, considera-se divorciado da maioria que a rejeitou e, por isso, renuncia ao cargo. Essa renúncia, contrariamente a todos os estilos, foi aceita por 79 votos contra 71.

No dia 29, o *Jornal do Comércio*, em uma vária, que era a manifestação mais autorizada de sua opinião, e, nesse caso, como porta-voz da Presidência, declarava que Glicério não interpretava, perante o Congresso, a política do presidente da República. Era a cassação pura e simples do mandato moral até então conferido ao chefe do PRF para exprimir o pensamento do supremo magistrado.

A destituição formal abalava as relações entre os dois antigos companheiros da propaganda republicana. Prudente o lamentou. Escreveu a Campos Sales: "Representação São Paulo precisa escolher entre governo com a ordem, e Glicério com a anarquia. Peço sua intervenção para que deputados paulistas apóiem o governo."

O presidente paulista promoveu, na mesma noite, uma reunião dos deputados federais que se achavam em São Paulo, fazendo-lhes ver a necessidade de partirem imediatamente para o Rio de Janeiro, a fim de prestarem apoio ao governo.

A circunstância de se acharem em conflito dois dos mais autorizados chefes da política paulista criava sério embaraço à escolha militar. O conselho de Campos Sales foi para que se amparasse o governo. O deputado Bueno de Andrada perguntou se Campos Sales se dirigia a Glicério, apelando para o seu patriotismo, e explicando as razões da posição que a bancada ia assumir. Aquele parlamentar foi o portador da mensagem que Glicério deu a ler a Bernardino de Campos.

Campos Sales foi chamado pelo presidente da República, que o recebeu na sala de despachos do Catete, cercado de todos os ministros, em derredor da grande mesa e sob a sua presidência. A cena constrangeu o visitante. Prudente queria solenizar o encontro, e o fez relatando minuciosamente as ocorrências e manifestando o desejo de chegar a um acordo que pudesse conciliar os ânimos, sem contudo afetar o prestígio do poder.

Campos Sales desincumbiu-se da missão, fazendo-se acompanhar de Bernardino de Campos na entrevista que ia ter com Glicério e Pinheiro Machado. Era ponto fundamental o preenchimento do cargo de presidente da Câmara dos Deputados. Do lado dos amigos do governo, entendia-se que o presidente demissionário deveria ser reeleito com o apoio dos dois grupos; aos outros, essa cláusula se afigurava uma capitulação. No impasse, surgiu o nome de Francisco Sá, deputado pelo Ceará, e vinculado a Minas pelo nascimento. Assim foi.

Estava cindida a maioria parlamentar. O "general das vinte e uma Brigadas" fora derrotado. Se Prudente se libertava da tutela do PRF, adquirindo autonomia de ação, cresceram, na sombra, os seus adversários. Multiplicam-se as passeatas e, ao lado dos mais exaltados adversários do governo, tomando parte em comícios, das janelas do jornal da oposição, estava o vice-presidente Manoel Victorino.

Não teve o governo de lutar apenas com as agitações de caráter interno, que nunca deixaram de apresentar um quadro de intensa gravidade, mas igualmente com elevado número de incidentes diplomáticos.

O jacobinismo fora a herança difícil de Prudente. O melhor de seu governo gastara-o a fogueira de Canudos. Dominara a conspiração destinada a eliminá-lo lentamente e que abatera de permeio o marechal Bittencourt. Mas o país estava à margem da bancarrota. Vendo a iminência de suspensão dos pagamentos, Prudente convocou Rodrigues Alves, e o antigo ministro da Fazenda não viu outra solução do que um empréstimo. O crédito estrangeiro estava arrasado. Os banqueiros exigiam a Central do Brasil e outras garantias para ceder os 5 milhões, já insuficientes para o plano de restauração de nossas finanças. O câmbio baixara a níveis imprevistos. Em sua última mensagem, dirá Prudente:

> Coube-me a tarefa ingrata de liquidar as responsabilidades provenientes dessas lutas desoladoras, tendo não só de acudir aos ônus diretos que se resolvem em pagamento de contado, mas também aos que surgem como conseqüências fatais desses movimentos e por seu turno reclamam recursos.
>
> . . . .
>
> Está, portanto, consolidado o governo civil da República. Fiz quanto pude para cumprir o meu dever.

CAPÍTULO IV

CAMPOS SALES E A POLÍTICA DOS GOVERNADORES

O choque entre o presidente da República, Prudente de Morais, e o chefe do Partido Republicano Federal havia cindido a maioria política. Quando se abriu a questão sucessória, todos os nomes até então lembrados haviam passado para o lado oposicionista. Mas os governistas afirmavam-se como os representantes genuínos das tradições republicanas. Foi nessas condições que Campos Sales se impôs como um republicano histórico.

A primeira comunicação direta a Campos Sales foi feita por Bernardino de Campos, em carta de 18 de junho. A convenção, quando se reuniu, não fez mais que dialogar sobre uma opinião assentada nos altos conselhos da política republicana. Acusado de haver concorrido para a indicação de Campos Sales para seu sucessor, Prudente declarou, em solenidade pública, que tal não acontecera.

* * *

"Quando Campos Sales foi eleito presidente da República, em março de 1898, o Tesouro estava exausto." Com essa frase, que é a síntese de um governo, Tobias Monteiro, o mais autorizado biógrafo de Campos Sales, porque foi seu secretário, começa um livro. De fato, coube-lhe a tarefa ingrata de liquidar as responsabilidades de um passado, recente e tempestuoso, onde os desregramentos dos primeiros tempos republicanos se haviam somado aos últimos erros da Monarquia. Assim como Prudente pôde dizer na derradeira fala à Nação que estava consolidado o governo civil, Campos Sales restaurou as finanças da República, permitindo ao terceiro presidente civil paulista o período áureo das realizações.

"Acusam-me de ter dissolvido os partidos. Houve, porém, quem formulasse a minha defesa nesta síntese: não se dissolve o que não existe." Assim se defende Campos Sales da acusação que permanece contra a sua Presidência. Porque, a par da política financeira, o novo presidente criou um sistema, na política interna, que ele próprio denomina *política dos Estados,* mas que ficou na história como a *política dos governadores.*

Campos Sales justifica essa conduta com a pretensão de apagar as dissenções que dividiam o Congresso e constituir nele uma unidade forte, patriótica e decidida a prestar o seu concurso ao governo. O que deu origem a essa política foi a questão de verificação de poderes na sessão legislativa de 1900.

Para realizar o plano financeiro, principal meta de seu governo, o presidente precisava, antes de tudo, apaziguar as lutas partidárias, a fim de reunir um grupo de auxiliares indicados, cada qual, para a sua atribuição. Para a Pasta da Fazenda, que teria a mais importante tarefa, escolheu Joaquim Murtinho, cuja atuação, quando ministro da Viação no governo anterior, fora marcada por pronunciamentos com os quais se harmonizavam os pontos de vista de Campos Sales. Completavam o quadro: Epitácio Pessoa, Interior e Justiça; Severino Vieira, Viação e Obras Públicas; Olinto Magalhães, Exterior; general Medeiros Mallet, Guerra, e contra-almirante Baltazar da Silveira, Marinha.

A escolha não agradou os políticos. A presença de Mallet e Baltazar da Silveira irritou profundamente os republicanos radicais. Houve, mesmo, de parte do Exército, pressão no sentido de que Campos Sales desistisse de seu intento. Outro ministro recebido com reserva foi Epitácio Pessoa, antiflorianista e antimilitarista: "É um verdadeiro impenitente." A entrada de Severino Vieira para o gabinete foi considerada uma verdadeira provocação. Prudente de Morais a teria classificado de o maior desastre de Campos Sales. Olinto de Magalhães, para muitos, não passava do filho de um compadre de Floriano, e Joaquim Murtinho, apesar de tantos títulos que o recomendavam, era temido pelo seu caráter voluntarioso e autoritário.

Uma inovação do governo Campos Sales foi o despacho individual. O presidente era contrário ao despacho coletivo, tão do agrado de Prudente, que presidia a longa mesa, no salão de despachos, em que se postavam todos os seus ministros. Para Campos Sales, "quem formula o programa, confere à administração a sua índole característica é o presidente. É por isso que se me afigurou absurda a deliberação em conselho de ministros."

A primeira mensagem presidencial exacerbou os ânimos dos antiprudentistas, ex-chefiados de Glicério. No dia 5 de maio de 1889, Cassiano do Nascimento reuniu, no Hotel Continental, deputados de várias bancadas. Tratava-se de organizar uma maioria de oposição. De fato, a primeira escaramuça ia travar-se em torno da eleição da mesa da Câmara, desde que Campos Sales se batia pela reeleição da mesa anterior.

Os reconhecimentos da nova Câmara e do terço do Senado asseguravam a maioria desejada por Campos Sales. Ao mesmo tempo, garantiam os partidos locais que estivessem com as posições do governo. Pois se desprezava, previamente, qualquer indício de vitória eleitoral das oposições nos Estados. Porque "a presunção, salvo prova em contrário, é a favor daquele que se diz eleito, pela política dominante do respectivo Estado". A fraude recebia sua consagração oficial. Era a consolidação imediata das oligarquias estaduais. Instalavam tranqüilamente as suas máquinas de fraude, suborno e violência os grupos que se haviam apossado dos Estados. O Congresso, instalado em 1900, ia iniciar uma era de mentira eleitoral, de inautenticidade da representação, a qual viria a ser o cancro que iria corroer as instituições, constituindo a mais séria justificativa da Revolução de 30, que destruiu a República Velha.

Não era fácil cumprir rigorosamente um programa de governo onerado com as cláusulas do contrato do *funding loan* para incinerá-lo ou com ele formar um fundo destinado ao futuro pagamento, em ouro, dos serviços dos empréstimos externos.

Mas a política severa de Campos Sales e Joaquim Murtinho empobrecera o Brasil. Estavam arruinados os velhos engenhos do Nordeste. As fazendas de café passavam às mãos dos agiotas. Estancara a industrialização urbana. A insaciabilidade do fisco exaurira o contribuinte. O povo estava pobre, enquanto o Tesouro tinha acumulado a riqueza que inspiraria o telegrama dos Rothschild, ao termo do Governo de Campos Sales. Voltara a confiança nos lucrativos investimentos no Brasil.

Republicano sincero, administrador honesto, Campos Sales considerara uma fatalidade a fraude eleitoral. Preocupado com a questão da verificação de poderes e a ameaça de dualidade de Câmaras, preferiu disciplinar o terceiro escrutínio, criando a política dos governadores que, no seu entender, teria sido mais acertado chamar política dos Estados: "Esta denominação expressaria melhor o seu pensamento."

Conseguida a maioria da Câmara, a oposição, que se formava, não impediu a execução rigorosa do programa do governo no cumprimento das cláusulas do contrato do *funding loan* que negociara em sua viagem à Europa. A política deflacionista de Joaquim Murtinho restabeleceu o crédito exterior, e a elevação das taxas cambiais compensou os sacrifícios de ordem interna, as falências e a ruína de toda uma economia baseada na inflação. O câmbio ascendia de 8,5 a 12,5 *pounds*, e o orçamento apresentava saldo. O serviço da dívida externa foi retomado. O resgate do papel do Tesouro elevou-se a 116 mil contos. Foram pagos empréstimo de & 1.120 mil contraídos por Prudente de Morais. O depósito em ouro cresceu nos bancos de Londres.

Mas a oposição conseguira sensibilizar a opinião pública através dos debates na Câmara dos Deputados e dos ataques da imprensa. Concorriam para essa animosidade os aumentos de impostos.

A política dos governadores, contudo, dava forte base política a Campos Sales. O seu sucessor seria Rodrigues Alves, indicado na convenção composta de 38 delegados dos governadores. Completava a chapa Silviano Brandão, inaugurando a política do *café-com-leite*, a aliança de São Paulo com Minas, só quebrada por Washington Luís, às vésperas de 1930. Desta vez o Rio Grande do Sul, pela voz de Pinheiro Machado, endossava a apresentação dos candidatos.

Inaugurava-se uma nova praxe: o banquete para a leitura da plataforma do candidato oficial, que se reuniu no antigo Cassino Fluminense, hoje ocupado pelo Automóvel Clube do Brasil, na Rua 1º. de Março.

As oposições, limitadas praticamente às representações de Pernambuco e Maranhão, contentaram-se com um protesto platônico, sufragando para a Vice-Presidência o Sr. Justo Chermont.

No Estado do Rio, o republicano Quintino Bocaiúva completava um governo melancólico, em que se confessava o síndico de uma massa falida. Nilo Peçanha, em um rasgo sentimental, fazia os fluminenses substituírem o nome de Rodrigues Alves por Quintino Bocaiúva.

E quando, em 15 de novembro de 1902, Campos Sales deixava a Presidência da República, uma vaia estrepitosa, seguindo o seu percurso do Palácio do Catete à Estação da Estrada de Ferro, onde embarcava para São Paulo, forçando a que se mobilizasse o aparato da Brigada Policial, negava-lhe justiça à grande obra administrativa realizada, ao mesmo tempo em que condenava o crime da oficialização da fraude. Nos subúrbios, o trem foi apedrejado.

Esse homem, que fora ministro de Estado do Governo Provisório, presidente de São Paulo e presidente da República, foi viver em uma modesta propriedade no interior de São Paulo, onde cuidava pessoalmente da administração por não ter recursos para pagar um capataz.

CAPÍTULO V

JARDIM DE INFÂNCIA

Ao se aproximar a crise periódica da sucessão presidencial, Joaquim Murtinho foi um nome focalizado em razão de sua destacada atuação na Pasta da Fazenda. Mas havia outro possível candidato que satisfazia a preocupação de Campos Sales de assegurar a continuidade de sua orientação financeira – Rodrigues Alves.

Não era um republicano histórico. Mas tinha a condição, muito importante, de ser o presidente de São Paulo, o Estado de Campos Sales, aquele onde mais forte despontava a oposição, com a dissidência de Glicério, Prudente e Júlio de Mesquita.

Em 7 de novembro de 1900, Campos Sales começava seu trabalho de articulação da candidatura Rodrigues Alves. Não se dirige a ele inicialmente. Delega ao seu ministro do Exterior, Olinto de Magalhães, a missão de consultar Silviano Brandão, presidente de Minas Gerais. Este recebe bem a sondagem. Sugere que a Vice-Presidência toque a seu Estado, indicando Afonso Pena, outro monarquista conquistado pela República. Firmava-se a aliança São Paulo-Minas, que duraria até as vésperas de 1930, quando o paulista Washington Luís a infringiu, vetando o mineiro Antônio Carlos Ribeiro de Andrada. Olinto regressa a 15 e, nesse mesmo dia, Campos Sales consulta o governador da Bahia, Severino Vieira, adiantando, cautelosamente, que o apoio de Minas tinha uma compensação:

> Tenho motivos para acreditar que Minas só aceitará a combinação em que entrar, também, um mineiro e, para evitar embaraços, julgo conveniente indicar Silviano para vice-presidente, assegurando, assim apoio decisivo daquele grande Estado.

A manobra de Campos Sales, ligando o governante mineiro à candidatura Rodrigues Alves, impedia que Pinheiro, ou outro qualquer, apresentasse um nome de Minas para a Presidência. Quis também evitar um segundo nome com raízes na Monarquia, que seria Afonso Pena, lembrado por Silviano.

Tendo São Paulo, Minas e Bahia solidários com sua sugestão, Campos Sales dirige-se ao próprio Rodrigues Alves, a 6 de janeiro de 1901. Como acentua seu biógrafo – Afonso Arinos de Melo Franco –, Rodrigues Alves conservara-se afastado das negociações até então realizadas. Campos Sales justifica sua intervenção alegando que a República ainda não atingira um funcionamento normal, especialmente pela ausência de verdadeiros partidos políticos nacionais. Assim, o presidente intervinha para evitar agitações que pudessem perturbar a boa marcha da administração. Enfatiza que coloca a administração acima da política. Rememora os antecedentes da crise e coloca a continuidade de sua administração, principalmente na parte financeira, como fator determinante para a escolha de seu sucessor. Essa orientação deveria continuar para evitar "a ruína definitiva da República". Formula a consulta em termos diretos: "Peço que me declare, com toda a franqueza: terá você qualquer dúvida em ser o continuador dessa política?"

Na mesma carta, Campos Sales revela que o nome de Rodrigues Alves obteve boa acolhida. Apenas o Sul, com Pinheiro Machado, ainda não se manifestara. Mas o presidente tinha esperança de conseguir uma sucessão tranqüila.

A resposta de Rodrigues Alves comprova sua tradicional prudência e moderação. Também recorda os precedentes políticos e a história recente da dissidência. Agradece a lembrança de seu nome, mas sugere Bernardino de Campos: "Minhas vistas sempre se voltaram para este nome, como naturalmente indicado para substituí-lo, se lícito for ainda ao Estado de São Paulo dar-lhe substituto, o que convém ponderar muito para não sensibilizar o melindre de outros Estados."

Essa resposta não satisfez Campos Sales. Rodrigues Alves não se comprometia formalmente com o programa financeiro de seu antecessor, mesmo porque propunha, preliminarmente, outro candidato. Campos Sales replica a 29 de março, dizendo a Rodrigues Alves que sua candidatura é a que obteve o "franco apoio dos elementos políticos dos dois lados". Insiste em obter uma declaração formal de continuidade governativa: "Não peço um documento para a publicidade que, neste momento, seria inoportuna, apenas desejo que me habilite a definir os seus intuitos ante os amigos, a fim de que eles possam, por sua vez, dar a orientação que lhes cabe, para a solução do problema eleitoral que se aproxima."

A definição reclamada veio a 5 de abril. Rodrigues Alves inicia a carta reconhecendo a naturalidade das resistências ao seu nome, dada a ligação com a Monarquia. Relembra o serviço prestado a Campos Sales, apoiando-o quando da implantação da *política dos governadores*, antecedente importante a que não fazia menção Campos Sales. E dá, como o compromisso pedido, o atestado de sua ação no governo do Estado: "Será essa a minha norma de conduta."

Rodrigues Alves compreendera que não restava outra solução a Campos Sales, sob pena de não fazer seu sucessor, comprometendo irremediavelmente a política e a economia que impusera. Pois a maioria parlamentar formada à custa da *política dos governadores* não representava uma coligação nacional. A oposição do vice-presidente Rosa e Silva, candidato frustrado à sucessão presidencial, arrastava, em sua atitude, o seu Estado, Pernambuco e o Maranhão. O Rio de Janeiro manteria a candidatura de Quintino Bocaiúva.

Em 11 de agosto houve uma reunião preliminar destinada a debater, oficialmente, o problema da sucessão. Fizeram-se representar quase todos os Estados. Pinheiro Machado falou em primeiro lugar. Reconheceu a inexistência de partidos políticos nacionais, admitindo, conseqüentemente, a interferência do presidente da República no encaminhamento do problema. Falou, em seguida, o senador pelo Pará, Vicente Machado, que integrara o grupo ativista do PRF e atacara Prudente. Essas duas manifestações asseguravam a unidade de que Campos Sales precisava. Não representavam uma garantia permanente. Mas firmavam o reconhecimento da iniciativa presidencial. Não se falou em nome de candidatos. Era um *segredo de polichinelo.*

Com Campos Sales, firmara-se a *política dos governadores,* sob a qual se organizaram as oligarquias estaduais e se oficializou a fraude eleitoral. Agora, também oficialmente, estabelecia-se a doutrina da intervenção ostensiva do Catete no encaminhamento do problema sucessório, sob a alegação de que não existiam partidos nacionais.

Guardavam-se, porém, as aparências democráticas. Havia uma convenção que homologava a candidatura já encaminhada pelo Catete e aceita pelos governadores. Assim, a 19 de setembro, procedeu-se a uma reunião preparatória dessa convenção, realizada a 11 de agosto, no plenário da Câmara dos Deputados. Fizeram-se representar os Estados do Pará, Piauí, Ceará, Rio Grande do Norte, Paraíba, Pernambuco, Alagoas, Sergipe, Bahia, Espírito Santo, Distrito Federal, Rio de Janeiro, Minas Gerais, São Paulo, Goiás, Mato Grosso, Paraná, Santa Catarina e Rio Grande do Sul. Estavam ausentes, apenas, Amazonas e Maranhão. Houve a apresentação de credenciais dos delegados. No dia seguinte, estes se reuniram no Senado, para a votação. Havia 38 delegados credenciados, dos quais 37 votaram em Rodrigues Alves para presidente e Silviano Brandão para vice-presidente. O delegado do Rio de Janeiro, Hermogêneo Silva, votou em Quintino Bocaiúva. O manifesto apresentando ao eleitorado a chapa vitoriosa foi redigido por Pinheiro Machado, Vicente Machado, Coelho e Campos, J. J. Seabra e Francisco Tolentino.

A 1º de março de 1902, realizou-se a eleição, na qual Rodrigues Alves obteve 592.030 votos, tendo sido o presidente mais votado até a eleição de Washington Luís, em 1926, que alcançou quase 100 mil votos.

A vitória de Rodrigues Alves consolidava a *política dos governadores* e assegurava a hegemonia de São Paulo, na sucessão presidencial, no cumprimento do Convênio de Taubaté.

A posse do novo presidente teve lugar perante o Congresso, no Edifício do Senado, a 15 de novembro. O vice-presidente eleito, Silviano Brandão, não chegou a tomar posse. O novo candidato, Afonso Pena, só seria eleito para a Vice-Presidência a 18 de fevereiro de 1903.

Os dois maiores produtores de café, São Paulo e Minas Gerais, ligavam-se na chapa vitoriosa para presidente e vice-presidente da República. Rodrigues Alves atendia a um desejo de paz em um país fatigado das lutas partidárias, empobrecido pela extorsão tributária de Campos Sales. Pretendia remodelar a capital da República, dotando-a de condições de vida satisfatórias. Urbanismo e saneamento eram dois aspectos de um só problema.

Rodrigues Alves escolhera para o Ministério do Interior e Justiça, que era a pasta política por excelência, José Joaquim Seabra, republicano histórico, exilado por Floriano Peixoto por suas ligações com a Revolução Federalista e defensor dos presidentes Prudente de Morais e Campos Sales. Atribuiu-se a este último a indicação do novo ministro da Justiça.

Se tinha de harmonizar a política interna com as diretrizes presidenciais, Seabra encontrava as maiores dificuldades precisamente em seu Estado, a Bahia, cujo governador, Severino Vieira, não se entendia com ele. Severino fora eleito em substituição e com o apoio de Luís Viana, com quem rompeu a seguir. Seabra prestigiava a política do ex-governador e fez reconhecer, em 1903, três deputados federais baianos que Severino excluíra da chapa federal, mas que se haviam apresentado como candidatos avulsos.

A cisão na política baiana, colocando em campos antagônicos o governador e o ministro da Justiça, teria como conseqüência inevitável o fortalecimento dos grupos de oposição federal.

Mas não só a política baiana criava sérios embaraços à ação de Seabra. Em meados de 1905, a política de Goiás envolveu outro ministro, Leopoldo de Bulhões, a cujo prestígio o presidente José Xavier de Almeida, depois de eleito, passou a combater o seu grande eleitor, passando a facção de Bulhões à oposição.

Como acontecia nesses casos, houve fraude generalizada, e cada grupo apresentou um resultado, criando dualidade de poderes, o que deu ensejo à intervenção federal.

Rodrigues Alves tinha enviado o assunto ao Congresso em mensagem de 18 de julho. A Comissão de Justiça da Câmara manifestou-se contrária à intervenção, acompanhando o voto do relator, o deputado mineiro Estêvão Lobo. Bulhões ressentiu-se e pediu demissão.

Em Mato Grosso, combatiam-se dois grupos políticos, com Generoso Ponce e Manuel Murtinho. Campos Sales prestigiara os Murtinho. O coronel Antônio Pais de Barros, o Totó Pais, aderiu ao lado favorecido pelo

Governo Federal, mobilizou batalhões provisórios, compostos de vaqueiros e trabalhadores rurais, cercou Cuiabá com 3 mil homens e derrubou Generoso Ponce. Os Pais de Barros e os Murtinho abandonaram o governador. Uma politicagem feroz desenvolveu-se, levando o Estado a uma revolução. Totó Pais foi assassinado em Coxipó, para onde fugira. Rodrigues Alves quis intervir em Mato Grosso. Antônio Azeredo, que fora reconduzido ao Senado, influindo em publicações importantes – *A Tribuna* e *O Malho* –, pôs o seu prestígio a serviço do bloco que dominava a situação. Rodrigues Alves enviou ao Congresso duas mensagens sobre Mato Grosso. A primeira, de 16 de julho, relatando a situação caótica que ali se instalara, teve a sua leitura praticamente impedida por Joaquim Murtinho. Na véspera, o Congresso havia aprovado o reconhecimento de Afonso Pena e Nilo Peçanha como presidente e vice-presidente da República. A segunda, enviada a 10 de julho, já foi pedindo o estado de sítio e a intervenção federal. A primeira mensagem perdera o sentido depois da invasão de Cuiabá e do assassinato do governador. O pedido de estado de sítio teve parecer contrário do relator, deputado João Luís Alves, que opinou no sentido de que o assunto fosse remetido à decisão do Judiciário.

Criara-se uma situação de fato. O comandante da tropa federal, Dantas Barreto, enviado para sustentar o governo legal, confraternizou-se com o governo rebelde. Um novo presidente de Mato Grosso, Leite Osório, comunicou ao presidente da República, por intermédio de Dantas Barreto, "que não carecia mais do auxílio federal para garantir a liberdade dos habitantes do Estado".

Em Sergipe, a luta política também culminou em um assassinato. O deputado Fausto Cardoso, jurista, filósofo, poeta, orador, conseguiu eleger-se deputado federal contra a oligarquia dos Campos. Regressou a Aracaju, onde foi recebido por grande massa popular. A agitação agravou-se na madrugada de 10 de agosto, quando a força policial revoltou-se contra o presidente Guilherme Campos, atacando-o em palácio. O presidente e o vice-presidente do Estado, premidos pelas circunstâncias, entregaram, em mãos do deputado Fausto Cardoso, o documento de renúncia, comunicando o fato a Rodrigues Alves.

Rodrigues Alves envia mensagem ao Congresso no dia 17 de agosto, considerando ilegal a solução imposta pela força. Comunica que havia mandado seguir para Sergipe o navio *Aracaju* e tropas do Exército estacionadas na Bahia.

A Comissão de Justiça da Câmara, tendo como relator o seu presidente João Luís Alves, decidiu que o Governo Federal devia prestar auxílio às autoridades locais a fim de que fossem reintegradas nos seus cargos. No dia 26, chegou a Aracaju a tropa federal, sob o comando do general Firmino Rego. Esse militar, depois de visitar o presidente resignatário e o seu irmão, padre Olímpio Campos, refugiados em um torpedeiro da Marinha, comunicou a Fausto Cardoso as instruções que trazia para repor as autoridades.

Inconformado com a decisão, o deputado Fausto Cardoso dirigiu-se para o palácio, acompanhado de alguns amigos, dispostos a resistir. Foi abatido por um disparo de fuzil.

Em 28 de maio de 1906, Seabra demitiu-se do Ministério da Justiça a fim de se candidatar a senador por Alagoas, na vaga de Euclides Malta, que se elegera governador daquele Estado. Para substituir Seabra, e por sua indicação, foi nomeado o deputado Félix Gaspar. A eleição de Seabra era fato político nas Alagoas, onde dominava a dinastia dos Malta. Na Bahia, sua terra natal, Severino Vieira não teria permitido a sua eleição.

Na Marinha, a ação do governo se fez sentir mais amplamente.

Várias circunstâncias concorreram para que tal acontecesse. A Marinha fora um reduto de monarquistas nos primeiros governos republicanos. A Revolta da Armada tivera a agravante de ser apontada como tentativa de restauração do antigo regime. Vencida essa fase, Campos Sales mantivera possibilidades econômicas para renovar a esquadra, reconciliando-a com a República. Rodrigues Alves preocupou-se em executar um plano de reforma naval. De início, convidou para a Pasta da Marinha um chefe de incontestável prestígio, o almirante Júlio César de Noronha.

O almirante Noronha foi o autor do projeto que se transformou na Lei 1.296, de 14 de dezembro de 1904. Esse plano previa a construção de três couraçados de 13 mil toneladas de deslocamento; três cruzadores de 10 mil toneladas; seis caça-torpedeiros; seis torpedeiros; um transporte de carvão e um navio-escola. Projetou-se a construção de um novo Arsenal de Marinha, em Jacuecanga, na enseada de Angra dos Reis.

O programa de estudos para a construção do novo arsenal incluiu uma visita no local de três navios de guerra, o *Aquidabã,* o *Tiradentes* e o *Barroso.* Na noite de 21 de janeiro, em um domingo, cerca de 10h, o *Aquidabã,* o maior de todos, explodiu, causando centenas de mortos e feridos.

Na Primeira República, mal decorridos dois anos de governo, abria-se o problema da sucessão presidencial.

A indicação de Rodrigues Alves resultou mais de condições de política geral, da necessidade que tinha Campos Sales de neutralizar a oposição de Glicério, do que do intuito de firmar uma hegemonia paulista. Rodrigues Alves tinha preferência pelo nome de Afonso Pena. Pinheiro Machado quis aproveitar o ensejo para um primeiro embate. Dois candidatos paulistas – Bernardino de Campos e Campos Sales – foram experimentados. Mas as correntes se harmonizaram e Afonso Pena assumiu o poder, tendo como companheiro Nilo Peçanha. Em março de 1906, assinava-se o Convênio da Taubaté, estabelecendo a base econômica para a duradoura aliança Minas-São Paulo.

No antigo edifício do Senado, havia um busto de Pinheiro Machado, reproduzindo fielmente os traços firmes do caudilho gaúcho; a testa larga e fugidia emoldurada pelo cabelo crespo; a boca enérgica, sombreada pelo bigode atrevido; nariz adunco de narinas com aberturas marcantes. Nem no bronze parecia ter-se apagado o brilho do olhar dominador. Os que o conheceram em vida passavam respeitosos no corredor dominado pela efígie.

Escreveu alguém que Pinheiro Machado dominou, não porque se alteasse acima do nível comum; os outros é que baixaram, desceram, deixando que ele se ilhasse, sobranceiro, dominando por largo tempo a política federal. Por uma tácita partilha, o domínio do Rio Grande pertencia a Borges de Medeiros. Lá aparecia, de raro em raro, em viagens espetaculares, em que dificilmente se reconheceria no homem bem-tratado, de roupas impecáveis, colarinho de corte singular, o antigo gaúcho de bombachas e botas, queimado de sol, dirigindo combates, que entestara com Gumercindo Saraiva. Mas no cenário federal ele falava pelo Rio Grande, isolado dentro de suas fronteiras.

Afonso Pena não devera a sua indicação a Pinheiro Machado. Fora aceito por ele em uma daquelas retiradas estratégicas que justificam, mais que as vitórias retumbantes, a longa sobrevivência política. Mas, enquanto Rodrigues Alves, o sábio mandarim chinês, que ouvia mais do que falava, deixou sem resposta os desafios do Congresso inspirados por Pinheiro, Afonso Pena rebelou-se logo contra a tutela de Pinheiro Machado, que se fortalecia na constelação dos oligarcas estaduais e na composição de um Senado obediente às suas ordens. Contando com a solidariedade de João Pinheiro, presidente de Minas, e candidato em potencial à sua sucessão, Afonso Pena entrega a chefia da política federal, no posto da Presidência da Câmara, a outro político mineiro, Carlos Peixoto Filho, e favorece a ascensão de um grupo de homens novos de inclinações espirituais, constituindo o que se denominou "Jardim de Infância". Faziam parte dele James Darci, egresso do Partido Republicano de Júlio de Castilhos, elevado à liderança da Câmara; Davi Campista, ministro da Fazenda e futuro candidato à Presidência da República; Miguel Calmon, que não tinha 30 anos. O novo presidente havia declarado, num banquete que lhe fora oferecido em Belo Horizonte, dias antes de se empossar: "Quem faz política sou eu." E começavam a rarear os freqüentadores do morro da Graça.

Era essa a situação da política nacional quando faleceu João Pinheiro. O seu desparecimento marcou o fim do fastígio daqueles que apoiava. O novo governador de Minas não pretendia seguir o mesmo caminho. Ao mesmo tempo, Afonso Pena ensaiava a candidatura de Davi Campista. Era ele um temperamento intelectual e artista, cuja atuação na Pasta da Fazenda se afirmara brilhante, mas despertara a resistência dos que não desejavam a valorização do café e as novas indústrias fabris, concretizadas na reforma tarifária e no Convênio de Taubaté.

É o próprio presidente da Comissão Executiva do Partido Republicano Mineiro – Bias Fortes – que lança o primeiro ataque frontal, em rumorosa entrevista publicada em *O País*. Venceslau Brás, no governo de Minas, tem uma frase cautelosa: "Vai nos dar muito trabalho essa candidatura. . ."

Faltava um nome para opor ao candidato oficial. Mais uma vez os políticos instigariam os militares. Faz-se o cerco do ministro da Guerra, o marechal Hermes, que realizava uma profícua gestão em sua pasta. No dia 12 de maio, a oficialidade da guarnição, incorporada, presta-lhe uma manifestação. O orador, capitão Jorge Pinheiro, lança, sem reservas, a sua candidatura: "O povo está cansado de uma política sem ideais e sem partidos."

A candidatura do marechal Hermes surge francamente prestigiada por seus camaradas de armas. Para os políticos em oposição a Afonso Pena, é o que se podia desejar de melhor. E, replicando ao ataque, em um arroubo de seu temperamento romântico, Carlos Peixoto, empossando-se na Presidência da Câmara dos Deputados, que abre a sua sessão em maio, acende o estopim: "A República já teria mostrado a sua capacidade de governar-se por si mesma, nas fórmulas das liberdades civis, que a impediam de degenerar na demagogia inconsciente, caminho da anarquia e de perigosas aventuras de violência, fonte e matriz do cesarismo e da tirania. . ."

Durante vários dias não se reuniu a Câmara. Riscavam-se os nomes da lista da porta para evitar o *quorum* necessário à abertura das perigosas sessões de um Congresso em pânico. Esperava-se uma declaração do ministro da Guerra, desautorizando o movimento em prol de sua candidatura, que se apresentava como um golpe revolucionário mal-dissimulado. Mas, ao contrário, foi uma carta breve e áspera em que dizia que, não desejando ser candidato, não podia, no entanto, concordar com o pensamento de se impedir aos militares a possibilidade de chegar à Presidência da República.

O ministro da Guerra acabava de atirar a sua espada sobre a mesa de despachos do presidente. Afonso Pena reage mal ao impacto. Aceita o sacrifício da candidatura campista e não repele o ato de indisciplina do ministro demissionário. A situação é de tal natureza que, na sessão de 19, o senador Severino Vieira aconselha o presidente a tomar o trem e partir para Santa Bárbara – a cidade onde nasceu – que a República ficaria sem governo: "Ao conselheiro Afonso Pena estão faltando as condições mais rudimentares para exercer a alta autoridade de que foi investido."

Desapareceu o "Jardim de Infância" com a renúncia de seu líder, Carlos Peixoto. Era o estouro da boiada a que aludiria Rui Barbosa na campanha civilista. Recomeçava a romaria ao morro da Graça.

Em 14 de junho, acometido de uma gripe, falecia o presidente Afonso Pena. Os cronistas da época fizeram um diagnóstico político: traumatismo moral.

Nas comemorações do centenário do nascimento de Rui Barbosa e na Casa que tem o seu nome e guarda a sua lembrança, o político mineiro Carvalho de Brito revelou um fato histórico, até então inédito e do qual deduziu: não fora a morte prematura de Afonso Pena, outra teria sido o rumo dos acontecimentos de então, e jamais teria sido vencedora a ditadura militar. A canditatura do marechal Hermes resultou da conjuração de bastidores contrária à candidatura de Davi Campista, patrocinada por Afonso Pena. Pinheiro era candidato de si mesmo. Sentiu que não tinha probabilidade de êxito. Contentou-se primeiro em evitar que o nome prestigioso de Rio Branco fosse apresentado, sabotando a indicação de Rui Barbosa no episódio tornado público pela carta de 19 de maio. Finalmente, não podendo impor o seu próprio nome, adotou a candidatura do ministro da Guerra, em reunião no morro da Graça, no dia 17, vencendo as relutâncias de Hermes da Fonseca, que dois dias antes escrevera ao presidente da República dizendo que não era candidato. Precipitou os acontecimentos fazendo aprovar nova candidatura a 22 de maio, em convenção nacional, com o apoio dos governos dos Estados, salvo os da Bahia, São Paulo e Rio de Janeiro.

Carvalho de Brito, que foi o chefe do civilismo em Minas, revela que Afonso Pena encarregou Rio Branco de fazer significar a Hermes a impossibilidade de sua manutenção no cargo, desde que candidato. O chanceler marcou um almoço com o marechal, surpreendendo-o com a insinuação de que deveria deixar a pasta incontinenti. Hermes não pôde articular nenhuma resposta. Mais tarde, Rio Branco, reproduzindo a cena ao presidente, contava que o marechal ficara branco como a toalha da mesa[1].

O episódio revela a intenção de Afonso Pena de resistir à candidatura militar. Criou-se uma Junta Nacional, presidida por José Marcelini e secretariada por Cincinato Braga, para coordenar os elementos de oposição. A morte de Afonso Pena favorece o primeiro candidato. Subia ao primeiro posto da República o vice-presidente Nilo Peçanha, um dos mais novos abolicionistas e propagandistas da República, e cuja carreira política não fazia prever a atuação que mais tarde ligaria o seu nome ao desenvolvimento da idéia revolucionária. Não pôde ou não quis reagir

---

[1] Carvalho de Brito, *Civilismo em Minas,* p. 21, Casa de Rui Barbosa, 1949.

ao nome de Hermes. É quando surge o nome de Rui Barbosa, depois de frustradas as candidaturas de Rio Branco e Rodrigues Alves, como o único que seria capaz de enfrentar a poderosa máquina oficial.

Desde logo o civilismo defende a faculdade de escolher o país, por si mesmo, o seu candidato, negando essa prerrogativa aos conciliábulos políticos. Mas o desenrolar do embate delimita dois campos adversos em que se constituem o militarismo e o civilismo, sob a égide de Hermes e Rui Barbosa.

Vamos encontrar, ainda uma vez, a coincidência das datas. Foi em 3 de outubro, no velho Teatro Lírico, a convenção das municipalidades, que proclamava seus candidatos à Presidência e Vice-Presidência da República, Rui Barbosa e Albuquerque Lins. São Paulo ligava-se à sorte dos civilistas.

O que foi a campanha civilista, no brilho de suas convenções, na oratória do grande candidato, na vibração com que o povo, mesmo nos lugares mais incultos, ouvia o tribuno cultíssimo e de linguagem invulgar, constitui uma das mais belas páginas da história política do Brasil. Onde residiria o segredo de uma oratória, transviada, pelo próprio estilo, dos auditórios mais seletos do parlamento e de recintos fechados para a praça pública? Certamente, na força contagiosa da paixão que a inspirava e na implacabilidade dos sarcasmos com que liderava adversários[2].

Em 1º de março de 1910, realizava-se o pleito. Pela primeira vez o povo acorria com entusiasmo às urnas em uma disputa real, enquanto a máquina dos governos estaduais e depois o Congresso, transformado em Poder Apurador, reconhecia os candidatos na maioria política, Hermes da Fonseca e Venceslau Brás.

A fraude assumira proporções jamais imaginadas. Hermes subia ao poder sem experiência política, na dependência dos títeres do Partido Republicano Conservador, cujos cordéis desciam do morro da Graça, das mãos fortes de Pinheiro Machado. O povo ia vingar-se durante quatro anos contando a *última do marechal,* enquanto os caricaturistas desenhavam a caricatura do Dudu, em que haviam transformado o sobrinho de Deodoro.

Pinheiro Machado cobrava o seu tributo. Mas, sentindo a resistência crescente da família presidencial, manobrava, evitando choques, enquanto o tempo desgastava o presidente.

Não foi um governo tranqüilo. A palavra de Rui dera vibração ao mal-estar que aumentava, surdamente, no seio do povo, enquanto, por igual, crescia a hostilidade a certas figuras marcantes da política, a começar

---

[2] Rui Barbosa, *Obras completas,* vol. XLVI, Tomo I, *Campanha presidencial,* prefácio de José Maria Belo, p. XX.

por Pinheiro Machado. Havia talvez um complexo de culpa pela derrota infligida ao chefe civilista, apontado como o maior dos brasileiros.

A revolta dos dois maiores navios da esquadra, *Minas Gerais* e *São Paulo,* chefiada por um rude marinheiro, João Cândido, refletiu, de certo modo, esse mal-estar. Pouco depois, um novo motim na ilha das Cobras. As punições excediam, de muito, a gravidade dos delitos.

No Governo Hermes, elas teriam o nome de Salvações. Com elas faz o governo a derrubada das situações que lhe eram adversas. O primeiro visado foi Alfredo Backer. A fraude facilitava a tarefa. Realmente, não havia eleição. Governo e oposição, ambos apresentavam atas duvidosas. Depois do Estado do Rio, o ministro da Viação, Seabra, prepara a Salvação da Bahia. Seguiu-se Pernambuco, sob a chefia de Rosa e Silva, conselheiro da Monarquia e vice-presidente da República, que teve de entregar o domínio ao general Dantas Barreto.

São Paulo figurava na lista negra por culpa da candidatura Albuquerque Lins. Conseguiu salvar-se elegendo para o seu governo o conselheiro Rodrigues Alves, cujo prestígio evitou o atentado. Até mesmo o Rio Grande do Sul estava na mira, articulada a candidatura do novo ministro da Guerra, general Mena Barreto, para substituir Borges de Medeiros. Pinheiro Machado pôde aparar em tempo o novo golpe, provocando o pedido de exoneração do titular. Depois foi fácil afastá-lo.

Contudo, a estrela de Pinheiro Machado entrava em eclipse. O filho do presidente, deputado Mário Hermes, e seu tio, Fonseca Hermes, investido da liderança da maioria, disputavam o poder ao líder sulino.

Precipitavam-se os entendimentos para a substituição do presidente. Ainda dessa vez, Pinheiro Machado tentaria, inutilmente, impor o seu nome. A Bahia voltava a insistir na candidatura Rui Barbosa. Por um momento, parece que o nome de Campos Sales, que saíra de seu retiro para uma missão diplomática em Buenos Aires, resolveria a questão. Mas a morte do antigo presidente fez voltar o problema à estaca zero. É então que a aliança Minas-São Paulo se impõe com a apresentação do nome de Venceslau Brás, premiado pela sua discreta atitude na Vice-Presidência, que os humoristas diziam passada em sua Itajubá pescando num rio sem peixes. . . De fato ele reúne, em convenção de agosto de 1913, os conservadores de Pinheiro Machado e os coligados que se lhe opunham, trazendo para a vice-liderança Urbano dos Santos. Rui Barbosa, tendo como companheiro de chapa outro paulista, o senador Alfredo Ellis, surge como candidato, contando com o apoio oficial da Bahia sob o governo J. J. Seabra. Mas desiste, enquanto o horizonte se conturba com a Primeira Guerra Mundial.

O Governo de Venceslau Brás deve refletir a paz interior do país que será envolvido pela guerra. Seu ministério conserva Lauro Müller, que se tornara chanceler com a morte de Rio Branco. Tem ainda os valores de Carlos Maximiliano, Calógeras, Tavares de Lira e Sabino Barroso. E o pescador de Itajubá prepara, pacientemente, o mundéu onde esgota as suas forças o caudilho do morro da Graça, pois Pinheiro Machado está em declínio. Não conseguiu fazer nenhum ministro. Na empreitada das Salvações, apadrinhara o candidato Feliciano Sodré contra Nilo Peçanha na sucessão do governo no Estado do Rio. Surgiram, como de hábito, as duplicatas de Assembléias Legislativas, cada qual proclamando o seu candidato eleito. Nilo Peçanha bate às portas do Supremo Tribunal e tem o seu direito reconhecido por *habeas-corpus*. Venceslau Brás manda que a força federal cumpra a ordem judiciária. Mais outro golpe no prestígio de Pinheiro: na renovação do terço do Senado da República, Pinheiro Machado fizera depurar José Bezerra em favor de Rosa e Silva. Venceslau convida José Bezerra para a Pasta da Agricultura.

Só uma grandeza não diminuía no chefe rio-grandense: a sua impopularidade, pois a animosidade contra a sua pessoa crescia nos jornais e nas ruas. Já agora sem motivo, no seu ocaso político, mas responsabilizando-o por todas as desgraças nacionais. É folhear os jornais do tempo, reler os artigos, rever as caricaturas, que em tudo e em todas há uma hostilidade cada vez maior, contundente, ressumando mesmo o ódio, refletida no estranho projeto de lei que o deputado de Pernambuco propôs na Câmara com um único artigo: elimine-se o general Pinheiro Machado.

Foi em 8 de setembro de 1915. Pinheiro Machado estava no vestíbulo do Hotel dos Estrangeiros, hoje demolido, na Praça José de Alencar. Era uma visita política. Um homem, paranóico – Manso de Paiva –, atravessa célere o pequeno grupo e crava o punhal nas costas do antigo guerrilheiro dos pampas, atravessando-lhe o coração. Pinheiro Machado era um bravo. Enfrentara a morte muitas vezes nas coxilhas cortadas pelas cargas de cavalaria da Revolução Federalista. Medira forças com homens da bravura de Gumercindo Saraiva. Ninguém lhe negava coragem, nem a reação pronta. Atingido, a mão direita mergulhou rápida na cava do colete para sacar o punhal – preferia a arma branca. Mas a hemorragia interna roubou-lhe as forças, o coração fendido enfraqueceu, e ele caiu no meio de seus amigos para não mais se erguer. Transportaram-no a uma farmácia próxima, inutilmente.

No dia seguinte, e por mais algum tempo, a dedicação dos correligionários armou o inquérito, acusou jornalistas, tentou arrancar do pobre paranóico a confissão do indigitado mandante. A opinião pública, porém, sentiu um desabafo. A tragédia deixou a primeira página dos jornais. De quando em quando, um repórter sem assunto voltava a entrevistar Manso de Paiva, que cumpria pena.

CAPÍTULO VI

GOVERNOS AUTORITÁRIOS

O Governo Venceslau Brás teve uma importância inesperada para quem se habituara a ver, na figura tranqüila do vice-presidente de Hermes da Fonseca, "aquele pescador solitário de um rio sem peixe", em Itajubá, como o caricaturavam. Pois aquele mineiro tranqüilo conduziu o país no turbilhão da Primeira Guerra Mundial com altivez, serenidade e energia. Enquanto na política interna enfrentava Pinheiro Machado, o gigante sulino que, até então, nenhum presidente conseguira vencer.

É evidente que a morte de Pinheiro Machado afastou definitivamente do cenário político aquele lutador que insistiria na reconquista do comando da política nacional. Foi, pois, em uma conjuntura nova que se apresentou a crise periódica da sucessão presidencial.

Continuava a política do café-com-leite, na alternância dos presidentes de São Paulo e Minas Gerais. Venceslau Brás viera de Minas com estágio no Palácio da Liberdade. Tocava a vez aos paulistas. Era presidente do Estado Altino Arantes, que não logrou, todavia, o consenso político. Os paulistas, para não perderem a vez, foram buscar em seu merecido repouso, em Guaratinguetá, o ex-presidente Rodrigues Alves. Não valeram as advertências sobre a precariedade de sua saúde. O filho, médico, Oscar Rodrigues Alves, confidenciou a Altino Arantes que seu pai não tinha condições físicas para voltar à Presidência. O ministro da Justiça, o gaúcho Carlos Maximiliano, avisou ao presidente do Rio Grande, Borges de Medeiros, que "Rodrigues Alves, se fosse eleito, não tomaria posse; se tomasse posse, não governaria". Indicado, tendo como companheiro o governante mineiro Delfim Moreira, que não obtivera o sufrágio para a Presidência, Rodrigues Alves foi eleito como de hábito, no cumprimento dos conciliábulos e conchavos dos gabinetes, e da manipulação fraudulenta de um eleitorado facultativo, escasso e desinteressado. Ainda teve forças para comparecer ao banquete protocolar do Automóvel Clube, onde leu, perante uma platéia de políticos encasacados, sua plataforma de governo, que era, a rigor, a reedição daquela apresentada quando de sua primeira candidatura à Presidência da República.

Enfermo, mas resoluto, Rodrigues Alves veio para o Rio, ocupando o palacete da Rua Senador Vergueiro, que ficou conhecido como "Catetinho". Ainda pôde escolher o seu ministério. Mas não teve condições sequer para a posse, a 15 de novembro. Foi o vice-presidente Delfim Moreira quem assumiu. Era o precedente do que vai acontecer a 15 de janeiro de 1985, quando o presidente Tancredo Neves, gravemente enfermo no Hospital de Base de Brasília, não assumiu a Presidência da República, que foi ocupada pelo vice-presidente José Sarney.

O vice-presidente Delfim Moreira empossou o ministério escolhido por Rodrigues Alves. Também José Sarney obedeceria a essa tradição.

Instalado no Palácio do Catete, Delfim Moreira passou a governar tendo como seu principal conselheiro o ministro Afrânio de Melo Franco. Diariamente visitava Rodrigues Alves, que piorava dia a dia.

No dia 2 de janeiro de 1919 a situação agravou-se.

Aos primeiros minutos de 16 falecia Rodrigues Alves.

Determinava a Constituição que, na falta de presidente, antes de decorrida a metade mais um dia do seu quatriênio, deveria ser convocada nova eleição. Delfim Moreira assim procedeu, donde resultou a eleição de Epitácio da Silva Pessoa.

CAPÍTULO VII

O PRINCÍPIO DA AUTORIDADE

Foi numa reunião na casa de Urbano dos Santos, à Rua Voluntários da Pátria, que Victorino Monteiro sugeriu a candidatura de Epitácio Pessoa. O nome de Epitácio foi favorecido pela projeção dentro e fora das fronteiras, pela brilhante atuação na Conferência da Paz.

Epitácio Pessoa surpreendeu-se com a escolha de seu nome para a Presidência da República: "Nunca aspirei à Presidência da República. Foi idéia que jamais me perpassou pela mente, não só porque, sem falsa modéstia, não me sentia à altura do cargo, como porque a máquina política do país estava montada de tal maneira que ao representante de um Estado pequeno, como a Paraíba, não era lícito levar tão longe a sua ambição. De fato, só circunstâncias as mais variadas e imprevistas – a oposição do Rio Grande do Sul a qualquer candidatura paulista ou mineira, as apreensões que infundia à política dominante dos Estados a candidatura Rui Barbosa, a minha ausência do país no desempenho de uma missão de alto relevo, a independência em que sempre me conservara entre os partidos políticos, o meu alheamento à luta que se travara em torno da sucessão do conselheiro Rodrigues Alves etc. – tornaram possível a escolha do meu nome."

A 25 de fevereiro realizou-se a Convenção Nacional, com a presença de senadores, deputados e representantes dos governadores. Tendo Minas sido fator decisivo na escolha, foi convidado para presidir a solenidade o governador daquele Estado, Artur Bernardes. Na sua ausência justificada, voltou a abrir a solenidade o senador Antônio Azeredo. Apesar dos entendimentos, a votação conferiu 139 votos para Epitácio Pessoa, enquanto Rui Barbosa obteve 42.

O candidato Epitácio Pessoa repetidas vezes apontara vícios e se batera pela verdade eleitoral. Mas defendera, contra Rui Barbosa, o modo de escolha do futuro presidente da República pela Convenção dos Congressistas, que se constituiriam, mais tarde, no Poder Verificador. Contudo, aceita a designação de seu nome. Dirigiu ao senador Azeredo, presidente da Convenção, para ser publicado, o seguinte telegrama: "Estou convencido de que os chefes políticos que apóiam minha candidatura terão maior empenho pela regularidade da eleição. Nem poderiam ter interesse em fraudar o pleito que conta, evidentemente, ao seu lado, com a imensa maioria das forças políticas da nação. Em todo o caso, se me é lícito manifestar um desejo nesse assunto, é que se esforce cada um na sua esfera de influência política, para que a eleição corra com a máxima liberdade, de modo que possa traduzir, verdadeiramente, a vontade nacional. Será a homenagem prestada, primeiramente, à República, que tira do sufrágio livre a sua força e prestígio, depois ao meu ilustre competidor, grande brasileiro, a quem devemos trinta anos de propaganda de todas as liberdades e, enfim, permitam-me dizê-lo a mim também, que, modéstia embora, tenho no pequeno Estado cuja direção me confiou a generosidade dos meus conterrâneos, feito da verdade eleitoral o ponto capital do meu programa político."

A 13 de abril realizaram-se as eleições. O resultado não surpreendeu. Apesar da intensa campanha de Rui, venceu o candidato dos situacionismos: Epitácio Pessoa – 249.342; Rui Barbosa – 118.303.

O primeiro ato do Governo de Epitácio Pessoa foi a organização do ministério e a nomeação de dois civis para as pastas militares: "Como era natural, o meu primeiro ato de governo foi a organização do ministério. Divulgada a resolução em que eu estava de nomear civis para as pastas militares, logo a intriga começou a imputá-la a prevenções que eu trazia contra as classes armadas e, com grande e, para mim, dolorosa surpresa, fui informado de que, no seio destas, principalmente da Marinha, se pronunciava forte agitação subversiva contrária àquela escolha. Era um triste sintoma. Contra o direito que ao presidente assegura a Constituição de escolher com inteira liberdade os seus ministros, conspiravam, em conciliábulos de que a Polícia me trazia ao corrente, oficiais esquecidos dos seus deveres de obediência, imbuídos do espírito de casta, impelidos por falaciosas ambições. Na véspera da minha posse, às 11,30 da noite, em minha residência, um dos mais prestigiosos generais da Armada me aconselhava a recuar daquele propósito, para não expor o país às vicissitudes de um movimento armado. Respondi-lhe como devia: 'Amanhã a imprensa publicará a nomeação de um civil para a pasta da Marinha; a Armada, digo mal, os indisciplinados da Armada, que tomem a responsabilidade pelo fato de não querer o presidente, no uso de incontestável direito, reconhecer-lhes os títulos de propriedade sobre uma das pastas do governo. Resistirei e veremos por quem se pronuncia a Nação'."

Mantido o princípio da autoridade, resguardado o direito que a Constituição assegura, Epitácio Pessoa constituiu seu ministério: Interior – Alfredo Pinto Vieira de Mello; Exterior – José Manuel de Azevedo Marques; Fazenda – Homero Batista; Viação – José Pires do Rio; Agricultura – Idelfonso Simões Lopes; Guerra – João Pandiá Calógeras; Marinha – Raul Soares de Moura.

Duas mensagens presidenciais foram mandadas ao Congresso durante o Governo de Epitácio Pessoa: uma a 3 de setembro de 1919 e outra a 3 de maio de 1920. Na primeira o presidente apresentou a difícil situação em que se encontrava o país no período do pós-guerra. Na segunda pôde expor, em cerca de 200 páginas, as idéias sobre as quais tinham de trabalhar o Legislativo e o Executivo.

A ação insidiosa das oposições em alguns Estados, principalmente através de fraude em eleições estaduais, obrigou o governo a duas intervenções – uma na Bahia, em fevereiro de 1920, outra em Pernambuco, em maio de 1922 – que só ampliaram a atmosfera de nervosismo que se espraiava por todo o país.

CAPÍTULO VIII

ARTUR DA SILVA BERNARDES

Epitácio da Silva Pessoa escreve, em março de 1921, sobre o ambiente conturbado em que se processou a sua sucessão:

> Recebi em Petrópolis a visita do deputado Carlos Campos, líder da bancada paulista. Vinha da parte do Dr. Washington Luís. Mandava dizer-me este: que o Dr. Raul Soares o procurara e solicitara os seus esforços em favor da candidatura do Dr. Artur Bernardes à Presidência da República; que olhava com simpatia essa candidatura, mas nenhum compromisso tomara, pois queria antes conhecer as vistas do presidente, com quem desejava estar de acordo em assunto de tamanha importância e gravidade.
>
> Respondi ao emissário do presidente de São Paulo que, de conformidade com os propósitos reiteradamente manifestados desde o início do governo, eu de modo algum me envolveria na escolha do meu sucessor; era tarefa que competia às correntes políticas da Nação; formava elevado conceito do Dr. Artur Bernardes pelo que ouvia dizer de sua administração em Minas, mas estava resolvido a não ter candidato e conservar-me dentro do que me parecia ser o meu papel constitucional, isto é, manter a ordem e assegurar, quanto em mim coubesse, a liberdade da eleição a todos que a disputassem; a mim se afigurara sempre um desvirtuamento do sistema o intervir o presidente da República, com todo o peso de sua imensa autoridade, na indicação ou na escolha de um candidato à sucessão.
>
> Pediu-me, então, o Dr. Carlos Campos que sugerisse um nome para a Vice-Presidência, visto que, na conferência havida entre os Drs. Raul Soares e Washington Luís, depois de discutidas, sem resultado, várias candidaturas, ficara assentado deixar-se a indicação ao meu critério. Esquivei-me também a esse encargo, alegando, além das razões já expostas, que o vice-presidente ficaria diminuído se a sua escolha emanasse exclusivamente das preferências do Poder Executivo, enquanto a do seu companheiro de chapa tivesse origem na livre manifestação dos diretores da política. Apenas lembrava a conveniência de ser o vice-presidente tirado dentre os políticos do Norte, desde que o presidente ia ser do Sul, a fim de evitar rivalidades regionalistas, tão nocivas à unidade nacional.
>
> Dias depois tive ocasião de expor as mesmas idéias ao Dr. Melo Franco, líder da bancada mineira, o qual, de viagem para o seu Estado, desejara antes conhecer o meu pensamento acerca da futura eleição presidencial.
>
> E foi sempre essa a minha linguagem, constante e invariável, para todos que me ouviram sobre o delicado assunto.

Minas Gerais desistira de concorrer à Presidência na vaga aberta com a morte de Rodrigues Alves. Preferiu reservar-se para um quadriênio completo.

Agora era a vez de Minas reclamar seu lugar no tradicional rodízio com São Paulo.

A campanha presidencial foi violenta. A Reação Republicana não representou, apenas, a luta contra as oligarquias e a contestação aos conciliábulos políticos.

A eleição era aguardada por toda a nação com ansiedade e receio. Os ânimos estavam exaltados, a paixão partidária procurava envolver as forças militares na luta política.

Quando se abriram as urnas, a 1º de março de 1922, a campanha da Reação Republicana encerrou-se. Apesar dos maus prognósticos, a eleição ocorreu sem tumultos. Tudo dentro do tradicional padrão da fraude, instituída desde a implantação da República.

Artur Bernardes é declarado eleito por 466.877 votos contra 317.714 de Nilo Peçanha. Lamentavelmente, a ressonância da pregação de Nilo Peçanha não foi positivada na contagem dos votos.

Em vários Estados dão-se motins e arruaças. O Governo Federal atribuiu essas manifestações a um plano revolucionário tramado pelas classes armadas. A oposição, inconformada, volta-se para os conchavos e as intrigas políticas.

O marechal Hermes da Fonseca, presidente do Clube Militar, julgando-se o chefe do Exército e por isso seu melhor intérprete, escreve ao vice-presidente do Senado, Antônio Azeredo, propondo que se organizasse um tribunal de honra para julgar o resultado das eleições. A alegação apresentada é de que os militares não confiavam na verificação da contagem pelo Congresso. Embora essa função do Congresso fosse preceito constitucional, eles não pretendiam que ela continuasse.

No dia 10 de janeiro de 1923, o presidente Artur Bernardes assina o Decreto nº 15.922. Como o Estado do Rio de Janeiro contava com dois governos, cada qual se julgando legitimamente investido das funções que dizem respeito à administração do Estado, o Governo Federal foi obrigado a intervir no Estado:

> Art. 1º) O interventor assumirá o Governo do Estado do Rio de Janeiro, nomeando os seus auxiliares de Governo de acordo com a leis do Estado, para o que escolherá pessoas estranhas aos partidos em luta; art. 2º) Nos termos do art. 63 da Constituição Federal, o Governo e administração do Estado serão regulados pelas leis do mesmo Estado; Parágrafo Único: Quando as ditas leis forem omissas, o interventor federal, por meio de decreto seu, proverá a respeito, expedindo os necessários regulamentos e instruções; art. 3º) Fica entendido que o interventor aplicará somente as leis do Estado sancionadas ou promulgadas até 1921, inclusive, em conseqüência da dualidade de Assembléias

locais; Parágrafo Único: No exercício de 1923 será posto em vigor o orçamento de 1921, na parte relativa à receita e à despesa, observando-se os contratos realizados, não sendo, porém, utilizadas as disposições de caráter extraordinário e transitório, entre as quais não se contarão as referentes à receita extraordinária, que continuará a ser arrecadada; art. 4º) O interventor substituirá em tudo o Governo normal do Estado, podendo: 1 – preencher, nos termos das leis locais, os cargos que vagarem; 2 – afastar, se não lhe merecerem confiança, quaisquer funcionários do Estado dos respectivos cargos, determinando que outros os substituam, podendo, para isso, mas em ambos os casos em comissão, recorrer a pessoas estranhas ao funcionalismo local; 3 – adotar providências rigorosas no tocante à arrecadação das rendas do Estado; 4 – prover às despesas públicas de acordo com o orçamento estadual; 5 – exercer suprema inspeção, por intermédio do chefe de Polícia que nomear, sobre a segurança pública do Estado, demitindo e nomeando livremente as autoridades policiais; 6 – nomear livremente em comissão comandante para a Força Policial do Estado e outros quaisquer oficiais auxiliares, dentre a oficialidade do Exército; 7 – utilizar a dita força no serviço policial do Estado ou desarmá-la, se assim entender necessário; 8 – utilizar, no serviço de segurança geral, a força federal de terra e mar que for posta à sua disposição ou requisitá-la em maior número e eficiência ao Governo Federal; 9 – adotar as medidas necessárias para a garantia de todos os direitos individuais; art. 5º) O interventor cumprirá outras instruções que venham a ser expedidas pela mesma forma destas; art. 6º) Serão garantidos todos os funcionários vitalícios; art. 7º) Logo que assumir o exercício do seu cargo, o interventor federal fará balancear o Tesouro do Estado; art. 8º) O interventor não poderá realizar contratos nem assumir obrigações que excedam o tempo da intervenção; art. 9º) O interventor gozará da franquia postal e telegráfica; art. 10º) Ao terminar a intervenção, o interventor federal apresentará ao presidente da República, por intermédio do ministro da Justiça, um relatório circunstanciado dos atos da intervenção.

A inflexibilidade do presidente, somada aos ressentimentos deixados pela campanha, marcou o período de constante agitações, que começou com a Revolução de 1923 no Rio Grande do Sul.

A Revolução no Rio Grande do Sul teve causas remotas e causas recentes. Numa pesquisa mais aprofundada, chegamos ao inconformismo no Estado a partir da Constituição de 1891, de inspiração positivista. Desde então, os federalistas aguardavam uma oportunidade para tomar o poder e revogar a Carta Estadual.

Silveira Martins, ao voltar do exílio, defronta-se com Floriano Peixoto. Não há acordo possível. Castilhos liga-se ao marechal para vencer o chefe liberal. Passada a luta, em 1898, Castilhos aponta Borges de Medeiros como seu sucessor. Os elementos mais representativos do Partido Republicano concordam com a indicação. Borges é eleito e reeleito. Júlio de Castilhos conserva para si a chefia absoluta do partido. Com sua morte, inesperada, Borges passa ao domínio pleno e longo da política rio-grandense, em 1903, tornando-se chefe do Partido Republicano. É o chefe inconteste e incontestado. A oposição vegeta no saudosismo dos antigos liberais que se tornaram federalistas, cultivando a saudade das bandeiras retalhadas nos combates de 93. Apenas uma vez Borges de Medeiros não concorre às eleições. Fernando Abott, fundando o Partido Democrata com os republicanos dissidentes, era o candidato da oposição. A boa escolha do candidato situacionista contribui para conjurar a derrota que ameaça, dessa vez, a reeleição. Abott conta com o apoio de Assis Brasil. Mas Carlos Barbosa vence e conquista a simpatia da oposição. Elege-se e faz uma administração empreendedora. Quando Borges se elege, no pleito seguinte, é obrigado a prosseguir naqueles empreendimentos. É presidente do Rio Grande pela terceira vez. Consolida seu prestígio. Ninguém se lhe opõe.

Em 1915, Borges é obrigado a se licenciar do cargo por motivo de saúde. Passa o governo do Estado ao vice-presidente Salvador Aires Pinheiro Machado, irmão do senador. Mas não transfere a chefia do partido. Em menos de um ano, já curado, em maio de 1916, regressa a Porto Alegre e reassume o posto.

A morte de Pinheiro Machado faz ver a Borges o quanto ele isolara seu Estado da política nacional. O senador era o elo poderoso, pois ele, pessoalmente, dominava a política do país.

Para a sucessão de Epitácio, o Rio Grande do Sul formara a Reação Republicana. Borges apoiara Nilo Peçanha. Mas a campanha presidencial, com fraudes de ambos os lados, terminara com a vitória de Artur Bernardes, a quem os oposicionistas rio-grandenses haviam dado apoio.

Enquanto alguns partidários de Nilo enveredavam pelo caminho perigoso da conspiração, e lavrara no seio das classes armadas a indignação causada pelo episódio das cartas atribuídas a Bernardes, Borges recolhia a bandeira no Rio Grande do Sul. Tomava uma atitude de expectativa e de pleno acatamento ao governo central.

O final do Governo de Epitácio é agitado.

Quando o marechal Hermes protesta contra a intervenção em Pernambuco, Borges também secunda a atitude dos chefes da Reação Republina. Mas quando os canhões do Forte de Copacabana gritam a revolta, Borges se opõe.

A 18 de abril de 1923, o ministro do Tribunal de Contas, Augusto Tavares de Lira, foi procurado pelo Dr. João Luís Alves, então ministro da Justiça, para se apresentar no dia imediato, no Palácio do Catete. O presidente Bernardes desejava conversar com ele sobre a situação do Rio Grande. Tavares de Lira fora grande amigo de Pinheiro Machado e tinha boas ligações com os gaúchos.

O ministro Tavares de Lira parte para o Rio Grande do Sul, fica cinco dias em Porto Alegre e conversa com inúmeras pessoas de classes e partidos políticos diferentes. Depois de duas audiências, Borges de Medeiros e Tavares de Lira puderam fixar alguns pontos. Borges de Medeiros: a) aceitaria, em princípio, a idéia da revisão da Constituição Federal; b) concordaria em que, por lei do Estado, se adotasse a lei sobre as eleições federais; c) garantiria a eleição de um deputado oposicionista por distrito nas eleições federais; d) não se oporia a que fossem aproveitados adversários nos cargos federais, exceto nos de chefes de serviços, que seriam nomeados, em comissão, dentre os funcionários dos quadros gerais, sem ligações partidárias no Estado; e) tomaria a iniciativa da apresentação de um projeto de anistia, por intermédio da representação federal do Estado, logo que, feito o acordo, os revolucionários se comprometessem a depor as armas; f) colaboraria sinceramente na obra da pacificação, examinando com o Governo Federal quaisquer outros alvitres sugeridos, salvo dois: a sua *renúncia* e a *revisão* da Constituição Estadual.

Do 5 de julho à Coluna Prestes

Em 1922, quando o presidente Epitácio Pessoa quis intervir no Estado de Pernambuco, utilizando para isso tropas do Exército, o marechal Hermes da Fonseca, então presidente do Clube Militar, objetou através de violento telegrama, que resultou em sua prisão. Seu filho, o capitão Mário Hermes da Fonseca, era o comandante do Forte de Copacabana. Acompanhado por um grupo de jovens oficiais do Exército que com ele serviam, Mário Hermes revoltou-se contra o governo, escrevendo assim um dos mais heróicos episódios da História do Brasil, conhecido como *Os 18 do Forte.* Aqueles jovens oficiais não se haviam ajustado à situação política do momento. O povo não tomara parte naquela estranha marcha de uns poucos tenentes e ainda menor número de soldados pelas areias da praia de Copacabana. Onze homens, sendo um civil que aderira durante o avanço, caminharam lentamente, defrontando o Exército e sabendo que iriam morrer. As tropas não queriam atirar contra aquele grupo tão pequeno. Somente quando os membros deste dispararam é que se respondeu ao fogo. A maioria morreu, os demais caíram feridos. Ao mesmo tempo, os cadetes da Escola Militar também jogavam suas vidas – eles lutavam pela liberdade e contra a situação política. Isso se passou em 5 de julho de 1922.

Quando o novo presidente foi eleito, aqueles homens foram presos, mas não julgados. E permaneceram na prisão durante muito tempo. Alguns conseguiram escapar e começaram a conspirar contra o regime. Formaram, então, um grupo de revolucionários profissionais, como Siqueira Campos, Juarez Távora, Eduardo Gomes etc.

Dois anos mais tarde, nas comemorações de 5 de julho, os mesmos oficiais fazem rebentar um novo movimento revolucionário em São Paulo.

Mas dessa vez era diferente. O povo não se limitou a olhá-los com olhos perplexos. A população que se mostrara hostil aos rebeldes, porque lhes perturbavam o ritmo do trabalho criador, acabou irmanada com eles. Por isso São Paulo teve o castigo do bombardeio.

As tropas governistas cercaram os revolucionários. A capital do Estado foi sacrificada.

O resto do Brasil não se solidarizava com a revolta. Os jovens rebeldes rompem o cerco e, sob o comando de Isidoro Dias Lopes, retiram-se para Foz do Iguaçu, começando, assim, a grande marcha que viria a constituir-se a mais importante demonstração de guerrilha do continente.

Os relatórios militares já fixaram, em seus justos limites, em números frios, os contingentes humanos e o material bélico. Não houve uma grande batalha capaz de figurar entre os maiores combates da História. Um aspecto que a tudo supera e absorve o lado guerreiro é a sua significação política. É o conteúdo social, pois a todos empolga num mesmo acontecimento.

É essa caminhada que vai despertar o sertão, alertar a cidade, fortalecer os fracos e enrijecer os fortes. Sem a Coluna Prestes o Brasil ainda seria uma colcha de retalhos, dividido em domínios das oligarquias, submergido em uma servidão humana que não tinha sido possível sacudir em nenhuma das revoltas periodicamente dominadas.

CAPÍTULO IX

O FIM DA PRIMEIRA REPÚBLICA

Nascido em Macaé, Estado do Rio de Janeiro, Washington Luís Pereira de Sousa era um político paulista pela formação e pela carreira gradativamente ascensional. Promotor de Batatais, prefeito de São Paulo, secretário de Justiça, presidente do Estado, moldara-se pela disciplina do tradicional Partido Republicano Paulista, *onde se obedecia para se mandar quando nos altos postos de comando*. Homem de partido, no que essa definição implicava de positivo e negativo, dentro dessa linha de conduta firmara a reputação de uma energia e uma vontade férrea que seriam sua glória e sua desventura.

O novo presidente simbolizava a esperança. Por isso os festejos de sua posse, a 15 de novembro de 1926, tiveram a consagração popular. Seria muito mais pela saída de Artur Bernardes do que pela entrada de Washington Luís. Mas o fato é que essa posse foi festejada. A eleição não fora contestada. Ninguém alegara o vício da fraude, invalidando o pronunciamento das urnas e exaurindo de autenticidade o seu mandato. No entanto, os processos de escolha, eleição e reconhecimento haviam repetido os mesmos erros e vícios que a República herdara do Império.

Tudo fazia parecer lógica, na lógica da Velha República, a indicação do presidente de São Paulo para suceder um presidente da República que viera da Presidência de Minas Gerais. Era a "política do café-com-leite", sustentando o equilíbrio político nacional e principalmente o café, suporte da economia brasileira. Mas a indicação de seu nome, de que foi portador o líder mineiro Antônio Carlos Ribeiro de Andrada, não pareceu a Washington Luís apenas uma retribuição do presidente que salvara. Antes lhes pareceu um novo compromisso com a ordem reinante, aquela ordem que tomara um sentido autoritário com Epitácio Pessoa e Artur Bernardes.

Era um governo promovido pelas forças políticas conservadoras, naturalmente interessadas em conservar a ordem de que seus membros eram responsáveis e principais beneficiários. Para tanto, haviam sido afastadas as pretensões de outro político mineiro. Fernando Melo Viana tentara ser um candidato popular, imaginando pudesse a onda ascendente influir na decisão dos próceres. Antes, porém, que o movimento tomasse proporções de verdadeira campanha, Melo Viana foi induzido a aceitar a certeza de uma Vice-Presidência, abandonando a insegurança de uma candidatura de oposição.

Washington Luís, após deixar o Governo de São Paulo e antes de assumir a Presidência da República, viajou à Europa. Raymond Poincaré travava a *batalha do franco*. O novo presidente entusiasmou-se com ela. A reforma financeira seria a primeira meta de seu Governo. As nações conservadoras enfrentavam o comunismo, mobilizando seus recursos para ajudar a contra-revolução russa, branca. Washington Luís impressionou-se igualmente por esse problema.

Era o décimo quatriênio que se iniciava a 15 de novembro de 1926, empossando-se, em cerimônia no Palácio Tiradentes, nos cargos de presidente e vice-presidente da República, Washington Luís Pereira de Sousa e Fernando de Melo Viana. O ministério ficou assim organizado: Interior – Dr. Augusto Viana do Castelo; Exterior – Dr. Otávio Mangabeira; Fazenda – Dr. Getúlio Dorneles Vargas; Viação – Dr. Vítor Konder; Agricultura – Dr. Geminiano Lira e Castro; Guerra – general Nestor Sezefredo dos Passos; Marinha – contra-almirante Arnaldo Siqueira Pinto da Luz.

O plano financeiro era a principal preocupação de Washington Luís. Ainda não havia decorrido um mês de sua posse na Presidência da República e ele remetia ao Congresso Nacional um projeto de reforma da moeda. O deputado paulista Júlio Prestes de Albuquerque sucedera Viana do Castelo na liderança da maioria. Era a sua primeira grande oportunidade. E cumpriu-a brilhantemente, pois o projeto foi convertido em lei no tempo recorde de duas semanas.

Washington Luís inspirara-se na reforma de Poincaré, que presenciara em sua viagem à Europa. Eram, porém, diversas as condições da França e do Brasil. Poincaré conseguiu convencer os investidores de que o governo dispunha de meios capazes de revigorar, rapidamente, o franco, fazendo com que refluíssem os recursos que os próprios franceses, assustados com a queda da cotação de sua moeda, haviam transferido para o estrangeiro. Ao mesmo tempo afluíram, abundantemente, as divisas que precipitaram a alta do franco até que a intervenção do Banco de França se fizesse sentir, comprando a libra a 120 e 122 francos, contra o máximo de 147 – a *batalha do franco.*

Washington Luís preferiu não procurar taxa mais elevada do que a moeda vigente, como se fez nas experiências de quebra do padrão monetário, em 1833 e 1846, com as paridades de 43 1/2 e 27 d. Fez a taxa descer de 5 d. Foi o que se chamou estabilizar o *câmbio vil.* O plano desdobrava-se em três fases: a estabilização propriamente dita, preparatória da conversão; a conversibilidade que precederia a circulação monetária; a cunhagem do *cruzeiro,* que assim se chamaria a nova moeda, indicando a circulação-ouro. Ficava estabelecida a nova prioridade do mil-réis em 0,200 grama-ouro, 9/10 fino, correspondendo ao câmbio sobre a libra de 5 115/118, valendo a libra 40$000. Um novo aparelho – a Caixa de Estabilização – teria a faculdade de emitir papel-moeda contra os depósitos-ouro do Brasil em Londres ou Nova York. Essa atribuição seria transferida ao Banco do Brasil quando fosse extinta a Caixa de Estabilização. Ao Banco do Brasil caberia manter o câmbio na paridade nova, cujas taxas deveriam corresponder à situação exata da moeda nacional. O *cruzeiro*, criado para substituir o mil-réis, corresponderia a 200 miligramas-ouro. À Caixa de Estabilização seria recolhido o ouro existente e o que viesse a entrar no país. Coexistiram, durante algum tempo, três moedas: o papel inconversível do Tesouro, as notas antigas do Banco do Brasil e as cédulas-ouro da Caixa de Estabilização.

O início da aplicação do plano correspondeu a um período de euforia. Havia ordem nas finanças, mantinham-se o equilíbrio orçamentário e os altos preços do café. A defesa desse produto passara aos Estados, e São Paulo criara o Instituto do Café. Não tendo a faculdade de emitir, o Estado recorria, por intermédio do Instituto do Café, aos banqueiros estrangeiros. O serviço desses empréstimos fazia-se com a cobrança de taxas especiais em ouro. Os fundos do Instituto eram recolhidos ao Fundo do Estado que financiava a lavoura. Os Estados produtores de café reuniam-se anualmente, determinando as quotas de exportação. Assim se fazia o controle do mercado. O Instituto fixava os preços, embora restringindo as ofertas nos mercados mundiais e acumulando estoques. Era mais um artifício do que uma defesa do produto. A especulação forçou a alta exagerada, enquanto a retenção subia a 22 milhões de sacas nos armazéns reguladores.

Em outubro de 1929, a crise de depressão que assolava os Estados Unidos provocou o *crack* da Bolsa de Nova York: 13 milhões de desempregados, queda de 80% em relação ao nível dos preços anteriores à Primeira Grande Guerra, falências bancárias e comerciais. Retraído o crédito externo, logo se esgotaram os recursos do Instituto do Café. O Governo de São Paulo apelou para o presidente da República, que recusou o auxílio. A crise instalou-se no Brasil. Acelerou-se a demanda das notas da Caixa de Estabilização. Baixaram os depósitos-ouro, de cerca de 800 mil contos, em janeiro de 1930, a 125 mil, em setembro, cotando-se a libra esterlina com o ágio de 6$000 sobre a taxa de reforma.

Toda a obra administrativa de Washington Luís estava sacrificada. O plano rodoviário, que dera o *slogan* de seu tempo – "governar é abrir estradas" –, seria a realização duradoura. A Rio-Petrópolis, a Rio-São Paulo, outras rodovias iniciadas ou melhoradas marcavam, realmente, um novo descortino, o início de uma nova era. Também politicamente. Pelos novos caminhos se deslocariam as caravanas da Aliança Liberal, pregando uma renovação mais bem difundida do que nas penosas andanças de Rui Barbosa e Nilo Peçanha. Ainda por novas e amplas estradas, viriam as tropas revolucionárias, em outubro de 1930.

Os relógios se adiantavam

Em suas memórias, João Neves da Fontoura escreve: "Os relógios se adiantavam, como se os ponteiros houvessem endoudecido. . ."

O movimento revolucionário de outubro de 1930 era inevitável, como a Proclamação da República. A Primeira República, a Velha República, trouxe o vício genético da fraude, que consumiria todo o sistema representativo, e a sucessão presidencial marcava, no último ano de cada quatriênio, a crise do regime, contornada com os cambalachos e conciliábulos, dentro dos gabinetes fechados, marginalizando o povo.

A *política do café-com-leite* trocara o mineiro Artur Bernardes pelo paulista Washington Luís; dessa vez o presidente de Minas, Antônio Carlos Ribeiro de Andrada, reivindicava o Catete. No Governo de São Paulo estava Carlos de Campos, por quem Washington Luís não se empenharia. A morte inesperada do presidente paulista alterou a posição das pedras do xadrez político.

O desaparecimento de Carlos de Campos desarticulava os paulistas, não só em relação à sua oportuna substituição no Governo Estadual, como na escolha do novo presidente da República. Foi assim que o vice-presidente do Estado, coronel Fernando Prestes de Albuquerque, deixou de assumir para não incompatibilizar um candidato que surgia inesperadamente, conseqüência de apresentação prematura do problema – seu filho Júlio Prestes, que fora para a Câmara Federal e exercia a liderança da maioria parlamentar.

Não apenas em São Paulo uma modificação imprevista tumultuava o panorama político. Estabelecendo uma precedência cronológica, o novo presidente de Minas Gerais, Antônio Carlos Ribeiro de Andrada, empossado a 7 de setembro de 1926, dois meses antes de Washington Luís assumir a Presidência da República, logo iniciou o trabalho preparatório de sua candidatura presidencial. Trazia longa folha de serviços no Parlamento e no Ministério da Fazenda. Era a descendência ilustre do Patriarca, que não deslustrara. Reivindicava, afinal, a vez de Minas na alternância da *política do café-com-leite.*

Júlio Prestes era mais novo na idade e na vida pública. Mas também exercera a liderança da maioria política e estava na Presidência de São Paulo empenhado em manter outra tradição, muito do interesse dos paulistas – a seqüência de quatriênios, como acontecera com Prudente, Campos Sales e Rodrigues Alves.

Outro acontecimento a surpreender a vida política fora o impedimento de uma sexta Presidência Borges de Medeiros, por imperativo do Pacto de Pedras Altas. Abrira-se a questão sucessória no Rio Grande do Sul, e o antigo líder e atual ministro de Washington Luís, Getúlio Dorneles Vargas, era eleito, sem competidor, para o governo sulino.

Aparentemente, Washington Luís dominava a situação: em São Paulo, interviera a tempo de conjurar a conspiração em curso, impondo seu candidato; no Rio Grande do Sul, foi empossado a 25 de janeiro de 1928 seu ex-ministro; em Minas Gerais, se ninguém podia duvidar das aspirações de Antônio Carlos, também era lícito admitir a possibilidade de um entendimento, como acontecera com Delfim Moreira e Melo Viana.

Quando começaram as conversações sobre a sucessão, Washington Luís fez saber que não desejava ventilar a matéria antes de setembro de 1929. Se assim lhe convinha, o mesmo não acontecia aos que desejavam participar da decisão, limitando, para encerrar, o período de domínio político do presidente.

Washington Luís não tinha o hábito de conversar com ex-presidentes. A seu tempo, Venceslau Brás, Epitácio Pessoa e Artur Bernardes se queixaram do que consideravam uma desatenção.

Com Washington Luís já na Presidência, o deputado José Bonifácio, líder da bancada mineira e irmão do presidente de Minas, viajou no mesmo transatlântico em que Epitácio Pessoa ia à Europa. Conversaram sobre a futura sucessão e Epitácio manifestou sua opinião de que Washington não concordaria em fazer seu sucessor Antônio Carlos, cujas doutrinas financeiras estavam em desacordo com as dele. Epitácio ponderava que, se Antônio Carlos abrisse mão de sua pretensão pessoal, assumiria uma posição decisiva para a solução do problema. O conselho não foi esquecido. Em 1928, Antônio Carlos encarregou o deputado Afrânio de Melo Franco de consultar Epitácio, pois se preocupava com as intenções encobertas do presidente. Perguntou-lhe se aceitaria a indicação de seu nome. O ex-presidente desautorizou qualquer articulação nesse sentido. Falou-lhe Afrânio em três nomes: Estácio Coimbra, governador de Pernambuco, e dois rio-grandenses, Borges de Medeiros e o presidente do Estado, Getúlio Vargas. Pernambuco não dispunha de um eleitorado suficiente para que a votação desse Estado e a de Minas elegessem o candidato sem apoio oficial do presidente da República. Borges não unificaria o Rio Grande, nem tinha, nos outros Estados, a simpatia necessária. Ficava Getúlio, com a circunstância de poder ser apresentado como um continuador do programa financeiro de que fora o primeiro executor na Pasta da Fazenda.

Antônio Carlos ainda alimentava a esperança de conseguir a indicação. Desertou do posto de combate que a coerência com seu passado de financista lhe designava e aplaudiu a reforma monetária. Ao mesmo tempo, atraiu a oposição, instituindo em Minas o voto secreto, que era a bandeira dos revolucionários de 22, 23 e 24. Quando um dos comandantes de destacamento da Coluna Prestes quis uma tribuna livre, que lhe era negada pelas polícias do Rio de Janeiro e de São Paulo, Antônio Carlos assegurou-lhe o direito de falar em terra mineira. Assim, o coronel João Cabanas pôde realizar as suas conferências em Juiz de Fora, com a promessa de garantias policiais, se necessárias. Originou-se grave incidente com o general Nepomuceno Costa, comandante da 4ª Região Militar, com sede naquela cidade, que pretendeu impedir a realização das conferências. O choque produziu escândalo. A representação paulista na Câmara manifestou-se a favor do general, telegrafando para lhe hipotecar solidariedade e ventilando o caso da tribuna. Antônio Carlos enfrentou as críticas, enquanto a imprensa oposicionista o aplaudia.

Invertendo os termos da proposta feita a Melo Viana por Afonso Pena Júnior, José Bonifácio sugeriu ao líder paulista, Manuel Vilaboim, o conúbio conveniente: Minas daria o presidente e São Paulo apontaria o vice, na pessoa de seu jovem governante. Júlio Prestes, mais moço, aguardaria a sua vez. Vilaboim, em resposta, propôs que se completassem duas presidências paulistas, que seriam seguidas de duas presidências mineiras.

Conjecturava-se que o candidato de Washington Luís seria Júlio Prestes. Mas ninguém ouviu este nem qualquer outro nome de sua boca. A divulgação da correspondência que mantinha com seu ex-ministro da Fazenda, já na Presidência do Rio Grande, foi explorada, ao tempo, como a prova da traição de Getúlio a Washington, a quem prometera ouvir no momento oportuno. O exame sereno e a publicação integral dessas cartas revelam, ao contrário, que Getúlio manteve seu compromisso, pois que submeteu a indicação de seu nome – feita por Antônio Carlos – à apreciação de Washington Luís para que consultasse as forças políticas. Foi Washington Luís que descumpriu esse convite, mandando coordenar, pressurosamente, as situações estaduais em torno de Júlio Prestes, sem ouvi-las sobre Getúlio Vargas.

Também se admitia, antes da ofensiva de Antônio Carlos, que Washington Luís preferisse Getúlio. Com o que teria mantido o domínio de seu Estado, o qual lhe fugiria se outro paulista fosse presidente.

É oportuno lembrar que, às vésperas da mais agitada campanha presidencial, a que teve maior amplitude, pelos numerosos elementos nela empregados, em caravanas que percorreram os Estados, nenhum dos quatro líderes havia conquistado a Presidência que exercia em um pleito verdadeiramente democrático, vencendo nas urnas um adversário político. Todos eles – Antônio Carlos, de Minas Gerais; Júlio Prestes, de São Paulo; Getúlio Vargas, do Rio Grande do Sul, e João Pessoa, da Paraíba – haviam sido escolhidos em conluios partidários; aprovados em convenções para isso preparadas; eleitos pelos velhos métodos que não permitiam contestação. Se representavam as situações dominantes e eram pessoalmente dignos de respeito, suas investiduras padeciam dos mesmos vícios que Rui e Nilo apontaram e seriam, em outubro de 30, a justificativa da Revolução.

Mais uma vez as causas econômico-sociais iriam determinar o fato político. Vimos que a defesa dos altos preços do café intensificara ao máximo as plantações, enquanto reduzia a demanda exterior. Porque aumentáramos, com a manobra altista, as plantações de nossos concorrentes e perdíamos, gradativamente, o mercado externo. A esse erro se somavam outros, com o endividamento, o serviço oneroso dos empréstimos, a aventura desastrosa da estabilização. O mundo inteiro caminhava para uma de suas crises cíclicas. O Brasil agravara as repercussões que ela teria, somando à crise econômica a crise política. O rescaldo dos movimentos revolucionários que agitavam o país desde 1922 ali estava para ser soprado pela oposição política. Ninguém mais podia acreditar na possibilidade de uma vitória oposicionista depois da Campanha Civilista e da Reação Republicana. Um pensador brasileiro, Gilberto Amado, advertira que, onde não existe a democracia, a revolução é a única saída.

A Antônio Carlos não passava despercebida a iminência de uma crise política, completando a crise econômica, a começar por São Paulo, onde na solenidade de posse de Júlio Prestes de Albuquerque, a 14 de julho de 1927, quando a Paulicéia recebia próceres de todos os Estados, as bancas dos jornaleiros exibiam o primeiro número de jornal de oposição *O Diário Nacional.* Era a velha dissidência republicana que afinal se transformara em partido, arregimentando um grupo de homens destacados, até então alheios à militância, e convocando moços, animados de ideais renovadores. A data de fundação do Partido Democrático também assinalava outra data importante no calendário republicano, o 24 de fevereiro. Em seu programa instituía o voto secreto, que começava praticando em suas eleições internas. Foi assim que as eleições paulistas tiveram um concorrente ao tradicional PRP, disputando, mais do que os postos eletivos, a lisura do pleito, numa fiscalização que punha a nu as mazelas de uma representação baseada na fraude, campeando em São Paulo como, aliás, em quase todos os Estados. Era, pois, com sua província dividida que Júlio Prestes assumia o governo, preparando-se para disputar a Presidência da República.

O ano de 1927 assinalaria, no Rio Grande do Sul, um espetáculo diferente. A 2 de fevereiro, em conseqüência do Pacto de Pedras Altas, realizavam-se eleições para a renovação da bancada federal, que passou a contar com sete representantes da oposição, o Partido Libertador. Assim, enquanto o Rio Grande do Sul caminhava para a união e a candidatura de Getúlio Vargas merecia um crédito de confiança da oposição, as eleições paulistas, a 24 de fevereiro, constituíam motivo de escândalo, ensejando ao novel PD um protesto de repercussão nacional. Logo a seguir, uma delegação democrática, levando consigo o tribuno carioca Maurício de Lacerda, visitava o Rio Grande do Sul, estabelecendo a primeira ligação entre os libertadores gaúchos e os democráticos paulistas. Nesse encontro nasce a aliança revolucionária, com a delegação dada a Paulo Nogueira Filho, por Assis Brasil e Batista Luzardo, para coordenar a revolução em São Paulo. Porque, no PD, a ala moça não acreditava mais em eleições contaminadas pela fraude; caminhava, desde logo, para a solução revolucionária que acabaria empolgando todo a oposição. Foi assim que o mesmo representante democrático foi ao Prata entrevistar-se com Miguel Costa, em Libres. Visita, em seguida, Luís Carlos Prestes, em Buenos Aires. Vem ao Rio, onde se homizia Siqueira Campos.

Esses primeiros contatos não prosseguem. Paulo Nogueira Filho havia combinado remeter a Luís Carlos Prestes 3 mil contos, em moeda corrente, dos quais seriam enviados, de pronto, 300 para os primeiros preparativos. Não obteve o apoio financeiro que esperava. Só conseguiu reunir 80 contos. O insucesso motivou uma carta, delicada mas enérgica, acompanhando a devolução do dinheiro. Nela, Luís Carlos Prestes declara seu ponto de vista sobre o momento político.

Antônio Carlos sentia a oportunidade do Rio Grande. Encarrega Afrânio de Melo Franco de atrair Luzardo e Melo Carvalho a Belo Horizonte. Quando Luzardo regressa ao Rio Grande, Getúlio o recebe no Palácio e se inicia a conversa sobre a sucessão presidencial. Luzardo traz uma missão de Minas, a de obter a concordância de Assis Brasil a um nome do Rio Grande, que seria, naturalmente, o de Getúlio. Assim credenciado, Luzardo vai a Pedras Altas, onde expõe a tese andradrina. Assis ouve atentamente. São dois homens de tradição: Afrânio de Melo Franco e Antônio Carlos. "É assunto que merece meditação."

Luzardo regressa a Porto Alegre trazendo o pensamento de Assis Brasil. Ele sabe que será difícil unir todos os gaúchos, até há pouco separados por uma caudal de sangue que vinha de 35 a 45, repontara em 93 e 94 para, mais recentemente, alagar as coxilhas, em 1923. Todavia, Vargas conseguira uma trégua. Depois, o respeito à vontade expressa nas urnas, que dera aos libertadores 14 municípios, abrira-lhe um largo crédito de confiança.

Volta Luzardo a Belo Horizonte, onde Antônio Carlos rejubila com o acerto de suas previsões. Já senhor do pensamento da oposição do Rio Grande, vai sondar os republicanos. O encarregado dessa missão é o secretário do Interior, Francisco Campos, o qual procurará o próprio vice-presidente do Estado, que exerce a liderança da bancada federal, João Neves da Fontoura.

O Congresso reabriu em maio de 1929. Voltavam ao Rio de Janeiro senadores e deputados, trazendo as credenciais renovadas pelos governadores. Neves regressa do Sul pronto para a ação. Instala-se no Hotel Glória, onde os encontros se dissimulam na amplitude dos salões e no recesso dos apartamentos. Há um sistema de correio secreto, utilizando a mala postal do Banco da Província do Rio Grande. As cartas são entregues ao presidente Vitor Bastian, que as leva, sem abrir, a Getúlio. Ou seguem *por próprio*, que é um portador de confiança – René Mostardeiro, presidente do Banco do Brasil, o diplomata Paulo Hasslocher, o advogado José Sérgio Majó de Oliveira. Neves mandava datilografar e guardava as cópias em seu arquivo. No arquivo de Vargas ficavam os originais das missivas que recebia e as cópias de suas cartas. Assim, foi possível revelar, pela primeira vez, quando escrevemos *1926 – A grande marcha*, todo o desenrolar da trama de que resultou a candidatura de Getúlio Vargas.

Washington Luís e Getúlio Vargas mantinham conversações sobre a sucessão. Informado por João Neves de uma sondagem feita junto a ele pelo líder paulista Manuel Vilaboim, Vargas reitera suas instruções: "Realmente, tudo indica que o presidente decidiu-se a pleitear a candidatura Júlio Prestes. Se fores novamente tentado pelo Vilaboim ou outro paredro de responsabilidade da sua feição política, convém, mesmo demonstrando simpatia pelos seus pendores, dar a entender que a representação do Rio Grande ainda não tem instruções para tratar do caso e aguarda a iniciativa do presidente da República a quem prestamos apoio."

A posição do Rio Grande é firmada por Getúlio e avalizada por Borges. A carta a João Neves foi precedida de outra, datada de 10 do mesmo mês de maio, endereçada ao presidente da República, em que a sucessão é abordada de passagem: "Quanto à política federal, a nossa atitude e as nossas disposições são as mesmas exaradas que escrevi a V. Exa. em dezembro do ano passado e que agora reafirmo, com o mesmo sigilo que o caso exige. Tenho permanecido fechado a qualquer manifestação sobre a sucessão presidencial pelo desejo de não contribuir para perturbar o ambiente, para deixar à livre iniciativa de V. Exa. as *dérmarches* sobre o assunto, quando julgar oportuno e para evitar as intrusões dos mestres de obra feita, farejadores de candidatos, ou pretendidos precursores que queiram jogar com o nome e o prestígio do Rio Grande, inculcando-se mais tarde ao prêmio das recompensas pessoais."

O trecho acima transcrito iria servir, no calor da campanha, de argumento contra Vargas por parte dos que o acusavam de haver traído Washington Luís. O que não foi conhecido, porém, foi a resposta de Washington Luís a essa carta, só divulgada quando publicamos *1926 – A grande marcha*. Vargas guardou-a ciosamente em seu arquivo, que fomos os primeiros a divulgar. Fato curioso: dispondo de recurso para uma resposta esmagadora, Vargas recusou aos líderes, na Câmara e no Senado, o documento, sob a alegação de que não revelaria a intimidade de uma correspondência. Tanto Vargas como Washington Luís não escreveram, especificamente, sobre a sucessão. Ambas as missivas tratam de múltiplos assuntos de interesse administrativo da União e do Estado. Assim como a carta de Vargas se refere de passagem à sucessão que se aproxima, a de Washington Luís só tem um capítulo versando sobre a matéria: "Fico ciente, a nota, amigo e confiante, tomei sobre o que me escreve sobre sucessão presidencial. Não prescindirei dos seus conselhos e dos conselhos de todos os nossos amigos sobre tal assunto. Na época própria hei de ouvi-lo diretamente, que é a melhor forma de acertarmos." E porque o assunto principal dessa correspondência continua a ser a administração, o líder gaúcho também trata, longamente, em carta, de vários temas de interesse do Rio Grande, em uma conferência de duas horas. Porque, em se tratando de assunto político – e a carta de João Neves é quase toda um relatório das maquinações políticas –, "o presidente continua fechado. Ele retarda, cautelosamente, a hora das negociações."

Não era só Getúlio que se manifestava acorde com o presidente na conveniência do adiamento do debate para setembro. Dias após aquela carta, Antônio Carlos manifestava opinião concorde, cedendo a Washington Luís a prerrogativa de fixar a oportunidade: "Todos quantos, no regime constitucional em que vivemos, terão que ser chamados a opinar na indicação de um candidato à sucessão do Sr. Washington Luís, sem dúvida guardarão o patriotismo de só se pronunciarem no momento devido. Ora, esse momento dirá o presidente da República, qual seja ele."

No mês seguinte, foi Assis Brasil, o chefe civil da revolução, que se manifestou: "De setembro ao dia da eleição, há quase meio ano. Sobra tempo para a ação democrática."

Os acontecimentos precipitavam-se. O mês de junho assinalou outros fatos: em Juiz de Fora, em banquete revestido das galas do oficialismo, um secretário de Estado, o segundo Bias Fortes, levantou a candidatura de Antônio Carlos à Presidência da República. Em ligação sincrônica, as classes conservadoras consagraram essa indicação, congregando 1.200 representantes de 215 municípios em gigantesca parada cívica em Belo Horizonte. Fazendo eco ao brado da montanha, a Câmara Municipal de São João Marcos, no Estado do Rio de Janeiro, abriu o debate da sucessão votando moção de solidariedade às hipotéticas candidaturas de Antônio Carlos e Getúlio Vargas. O pronunciamento teria ficado circunscrito à área municipal se o senador fluminense Feliciano Sodré não trouxesse a matéria para a sessão de 12, no Senado.

Feliciano Sodré era o adversário de Nilo Peçanha, beneficiado pela manobra da duplicidade de poderes, causadora da intervenção no Estado, com Aurelino Leal, no início do Governo Bernardes. Eleito presidente, cumprira o mandato, vindo para o Senado e elegendo para seu lugar Manuel Duarte. Ambos prestigiavam Washington Luís.

Rompendo os debates no Senado, Feliciano Sodré não se limitou a negar qualquer solidariedade da situação estadual com os municípios rebelados. Aproveitou a oportunidade para a explanação de uma filosofia pessoal e estranha, fazendo desfilar os possíveis candidatos e propondo a criação de um Conselho Consultivo, composto de 12 membros, denominados os *Doze Apóstolos da Democracia.* Foi, possivelmente, a primeira manifestação de um impressionante processo mental que acabaria por afastar o político fluminense do convívio de seus pares. Contudo, o estopim estava aceso. No dia imediato, na outra casa do Congresso, o deputado Bastista Luzardo desafiava o líder da maioria a contestar que o presidente da República impunha aos seus amigos o adiamento de qualquer discussão em torno do assunto. A seguir, tratou da anistia, assegurando que só não fora ainda votada pela formal oposição de Washington Luís, secundado por Júlio Prestes, a despeito de desejarem sua aprovação as bancadas de Minas, Bahia e Rio Grande do Sul. O apoio que mereceu dos representantes republicanos, o líder João Neves à frente, comprovava, publicamente, a formação da frente única rio-grandense.

CAPÍTULO X

A ERA DE GETÚLIO

As eleições na Velha República eram uma farsa. O pleito realizado em 1º de março de 1930 não destoou dessa norma. Dos 17 Estados solidários com Washington Luís, é o seu candidato, o presidente de São Paulo, Júlio Prestes de Albuquerque, que obtém maioria. Em contrapartida, nos Estados aliancistas – Minas Gerais, Rio Grande do Sul e Paraíba –, Getúlio Vargas ganhou folgadamente. A apuração era outro fato político que não trazia surpresas. Em relação à constituição do Congresso, prevaleceu a vontade governamental, e as representações de Minas Gerais e da Paraíba, compostas pelos governantes oposicionistas Antônio Carlos e João Pessoa, foram cortadas em benefício dos partidários de Júlio Prestes. A "degola", como se chamava essa manobra, poupou a representação do Rio Grande do Sul porque o governo esperava compor-se com Getúlio Vargas.

O resultado da eleição foi discutido. Pela primeira vez a Câmara começava os seus trabalhos sem ter uma bancada mineira legitimada. A proclamação de Júlio Prestes de Albuquerque como presidente da República chegou a ser aceita por Borges de Medeiros e Getúlio Vargas. Mas o estopim da revolução estava aceso e, daí por diante, a conspiração ia substituir a campanha eleitoral.

Na data marcada de 3 de outubro, o Governo do Rio Grande do Sul mobilizou a Brigada e os grupos populares que atacaram o quartel-general, às 17h15min, quando a quase totalidade do oficialato e da soldadesca não se achava no quartel. A resistência, nesse e em outros locais, foi dominada. Em pouco o Rio Grande do Sul estava em estado de revolução.

Em Minas Gerais, a resistência legalista foi limitada ao 12º Regimento, de Belo Horizonte. Na Paraíba, a revolução generalizou-se. Juarez Távora, Juraci Magalhães, Agildo Barata e outros "tenentes" ocuparam os Estados do Norte e Nordeste, onde, à falta de socorro federal, os governadores abandonaram seus postos.

No Rio de Janeiro e em São Paulo, a situação permaneceu até 24 de outubro. Então, três oficiais-generais – Tasso Fragoso e Mena Barreto, do Exército; Isaías de Noronha, da Marinha – intimaram Washington Luís a deixar o governo, que eles assumiram, constituindo uma Junta Governativa. Osvaldo Aranha veio ao Rio completar os entendimentos havidos com os chefes militares. Getúlio Vargas, envergando farda de soldado, lenço vermelho ao pescoço, completou, tranqüilamente, de trem, o percurso até São Paulo, onde desembarcou como chefe civil da revolução vitoriosa. Ali o aguardavam os próceres democráticos. O comandante da 2ª Região Militar, general Hastífilo de Moura, havia assumido o governo, por delegação da Junta Governativa, e constituído um gabinete de gabarito ministerial. O Partido Democrático pleiteava a interventoria para seu presidente, deputado Francisco Morato. Getúlio não atendeu a essa solicitação e deixou, como delegado militar, o capitão João Alberto Lins e Barros, sob alegação de que a ele cumpriria coordenar o movimento de passagem das tropas vindas do Sul. Estava plantado o germe da Revolução Constitucionalista de 1932.

O "caso" de São Paulo

São Paulo e o tradicional Partido de Representação Popular tinham sustentado a candidatura de Júlio Prestes de Albuquerque. Uma dissidência política ponderável, constituída do Partido Democrático, combatera aquela candidatura e questionara o seu resultado. Participara da conspiração, embora os democráticos não tivessem trazido contribuição combatente. Assim, quando Vargas se negou a entregar o Estado aos democratas, armou as bases de uma *frente única* – que uniria as agremiações políticas e arrastaria a população paulista, a qual se sentia humilhada com a ocupação militar e a direção dos negócios públicos entregues a forasteiros.

O "caso" de São Paulo foi a primeira grande crise que Vargas enfrentou no Governo Provisório. Uma revolução vitoriosa não atende a todos os vitoriosos. A vitória havia chegado cedo demais e os grupos se dividiam, voltando às suas origens. Destruída a Primeira República, Vargas desmontara o aparelho político que a sustentava. Mas esse aparelho político tinha raízes fundas, às vezes vindas do Império. Os núcleos oposicionistas eram minoria e só podiam dominar por imposição da força ou se ligando aos situacionismos existentes e resistentes. No Movimento de 30 havia duas vertentes: uma que se considerava detentora do que se chamou o "espírito revolucionário" – os "tenentes" de 22, 24 e de 30, e os que a eles se ligaram; outra, a dos políticos liberais, ansiosos pelo retorno à constitucionalização, com a reabertura das casas legislativas e a realização das eleições a que se haviam candidatado. Dos diversos choques ocorridos, aquele que teve o papel de estopim aceso foi o empastelamento do *Diário Carioca*, na manhã de 25 de fevereiro de 1932. Esse jornal era dirigido pelo jornalista José Eduardo de Macedo Soares e tinha uma atitude frontal de combate ao "tenentismo". O empastelamento do *Diário Carioca* foi uma provocação ao governo e aos políticos da Frente Única do Rio Grande do Sul, que reclamavam a constitucionalização. Os assaltantes utilizaram automóveis e caminhões da Prefeitura carioca e do Ministério da Guerra. Cerca de 160 homens participaram da empreitada, sendo 50 oficiais do Exército. Interpelado pelo presidente Getúlio Vargas, o ministro da Guerra, general Leite de Castro, respondeu: "Houve o que eu há muito previa. Os 'tenentes' fizeram o que eu faria, se tivesse 20 anos."

A conspiração desenvolvia-se em São Paulo, atraindo ligações no Rio Grande do Sul. Vargas intenta conjurar o golpe, tomando providências para a convocação da Constituinte. Osvaldo Aranha vai a São Paulo, levando ao interventor Pedro de Toledo a garantia de que pode constituir livremente o secretariado. Não obstante, a agitação ganha a praça pública e o representante de Vargas é ameaçado de linchamento.

A 8 de julho a velha Estação do Norte, em São Paulo, apresentava um movimento inusitado, com tropa em uniforme de gala, prestando continência ao interventor federal Pedro de Toledo, que viera ao bota-fora do ministro Salgado Filho. Vargas atendera ao último pedido de Pedro de Toledo, nomeando o general Pereira Vasconcelos para comandante da 2.ª RM. Uma surpresa, porém, aguardava o interventor ao regressar ao palácio, onde encontrou o secretariado reunido. Soube então que, cumprindo-se ordem do secretário da Justiça, Valdemar Ferreira, começara a revolução.

A cena, como se passou, foi-nos descrita por mais de uma testemunha. O interventor reagiu fortemente, alegando que, momentos antes, despedindo-se de Salgado Filho, reafirmara a sua solidariedade ao chefe do Governo Provisório e confirmara os termos daquele telegrama, datado da véspera, agradecendo a nomeação do general Vasconcelos e assegurando que manteria ordem em São Paulo, apesar do ambiente que se mostrava bastante inquieto. Precisava telefonar incontinênti para o Rio.

Mas seus conterrâneos, seus amigos, seus auxiliares não permitiram que o fizesse. Um a um, e todos em conjunto, expuseram razões e despertaram sentimentos, exortando, imprecando e implorando para que não se desligasse de São Paulo na hora em que São Paulo deveria reagir como um só corpo contra a ditadura.

Mas Pedro de Toledo não queria ouvir. E para não ouvir afastou-se. Penetrou em uma das salas, onde se fechou a chave, enquanto os outros prosseguiam no apelo, agora ouvido através da porta. A cena demorou muito. A insistência do secretariado foi mais duradoura do que a resistência do interventor sexagenário. A porta finalmente se abriu.

Horas depois, Pedro de Toledo enviava o telegrama demitindo-se da Interventoria para ser o governador do Estado insurreto.

Realizou-se a solenidade de aclamação do governador de São Paulo. O secretário da Justiça, Valdemar Ferreira, do alto da sacada do Palácio, fez a proclamação: "Atendendo às aspirações do povo, Exército e da Força

Pública, o Dr. Pedro de Toledo é aclamado, neste momento, governador do Estado de São Paulo."

A Guerra Paulista surpreendeu Getúlio Vargas. A causa constitucionalista tinha a simpatia da população do Rio de Janeiro. Se os paulistas tivessem descido o vale do Paraíba, possivelmente não encontrariam resistência na escalada ao Palácio do Catete. Mas as razões estratégicas determinaram ao comandante, coronel Euclides Figueiredo, outra tática, e a tropa legalista organizou-se e opôs resistência sob o comando do general Góis Monteiro. No sul de Minas, a tropa federal, sob o comando do coronel Eurico Gaspar Dutra, acuou os paulistas na zona sul, auxiliada pela Polícia Militar mineira. Haviam falhado os entendimentos para que Minas se mantivesse neutra. Assim, após combates sangrentos, na madrugada de 29 de setembro, o coronel Eurico Dutra recebe um telefonema avisando que os paulistas haviam pedido suspensão das hostilidades. Prosseguem os entendimentos, pois nem todos os paulistas estão de acordo com a rendição. Finalmente, o comandante da Força Pública, coronel Herculano de Carvalho, depõe Pedro de Toledo, assumindo o governo.

Novamente São Paulo era ocupado pela tropa federal, comandada pelo general Valdomiro de Lima. Os chefes do governo constitucionalista foram presos e deportados para Portugal e Argentina. Vargas procurou compor-se com São Paulo, encampando a dívida da Revolução e prosseguindo no programa de reconstitucionalização. São Paulo fora vencido militarmente, mas o seu sacrifício assegurara a convocação da Assembléia Nacional Constituinte e eleições que se realizaram a 3 de maio de 1933. Através do advogado Justo Mendes de Morais, e com a colaboração valiosa de José Carlos de Macedo Soares, os paulistas organizaram a Chapa Única por São Paulo Unido, reunindo 22 candidatos indicados pelo Partido de Representação Popular, o Partido Democrático, a Federação dos Voluntários, a Agremiação das Mulheres Paulistas e a Liga Eleitoral Católica. O interventor, general Valdomiro de Castilho Lima, favoreceu a formação de dois partidos com elementos que o apoiavam: o Partido da Lavoura e o Partido Socialista. Vargas havia prometido, por intermédio de Justo de Morais, que aceitaria a indicação de um "civil paulista" para a interventoria, feita pelo grupo que vencesse as eleições.

A Chapa Única por São Paulo Unido apresentou um *programa mínimo* sustentando o regime republicano federativo; a igualdade política dos sexos; o voto secreto; o controle pelo judiciário de todas as fases do processo eleitoral e o reconhecimento da representação proporcional na Câmara; a representação igual nos Estados; a autonomia plena estadual; a autonomia dos municípios; a distribuição eqüitativa das rendas federais e estaduais; a unidade do direito civil, penal e comercial; a dualidade da justiça; a indissolubilidade do vínculo conjugal. Nesse programa eram adotadas as chamadas "emendas religiosas", preconizadas pela Liga Eleitoral Católica – LEC.

A vitória da Chapa Única por São Paulo Unido assegurou a indicação do engenheiro Armando de Sales Oliveira.

Constituinte

A Assembléia Nacional Constituinte começou seu trabalho de instalação a 10 de novembro de 1933 e solenemente a 15. Antônio Carlos Ribeiro de Andrada foi eleito presidente, cabendo a Vice-Presidência ao general Cristóvão Barcelos. Na sessão do dia 16, o deputado Zoroastro Gouveia, do Partido Socialista, fez a primeira profissão de fé marxista do Parlamento brasileiro.

A Constituinte de 33/34 instalou-se em ambiente de grandeza. Era a realização de uma expectativa de esperança depois do desmoronamento da República Velha, tão desmoralizada, e o período ditatorial do Governo Provisório de Vargas. Pela primeira vez havia duas mulheres congressistas, ambas representando uma autenticidade na participação da vida nacional: a médica Carlota Pereira de Queirós e a cientista Berta Lutz. Reunia Miguel Couto, Carlos Maximiliano, Assis Brasil, Levi Carneiro, ao lado de moços como Prado Kelly, Pedro Aleixo, Clemente Mariani, civis que tinham pregado a Aliança Liberal e militares dos dois 5 de julho. A Igreja Católica, por intermédio da LEC, participava ativamente através de um observador da qualidade de Alceu Amoroso Lima. Infelizmente, o período ditatorial havia estimulado o autoritarismo dos militares e a ambição dos políticos. A Constituição não agradou a uns e a outros. O escritor Moisés Vellinho conta que Getúlio Vargas, ao receber a notícia, do secretário da Presidência, Ronald de Carvalho, de que acabava de ser votada a nova Carta, advertiu: "Serei o primeiro revisionista."

A Constituinte copiara do figurino italiano a representação classista. Eram 40 deputados, em sua quase totalidade escolhidos pelo Ministério do Trabalho e que votavam com o governo. O choque entre conservadores e renovadores refletiu-se nos desacertos dos muitos pontos debatidos. A LEC, com apoio maciço da bancada paulista, conseguiu a aprovação de suas emendas. Getúlio Vargas teve o seu mandato constitucional assegurado. A troco, os interventores também puderam fazer-se eleger governadores constitucionais nas Assembléias estaduais que se reuniram em seguida. Como muitos interventores não tinham base eleitoral, esses, que se intitulavam portadores do *espírito revolucionário*, entravam em conluio com os antigos políticos derrotados em 30, elegendo-se com o seu apoio. Daí episódios lamentáveis, como o seqüestro de deputados, a compra de votos e atentados em pleno recinto parlamentar.

O Estado Novo

O mundo emergira da Primeira Grande Guerra com a explosão da revolução social e a implantação do comunismo na União Soviética, em 1917. A reação conservadora manifestou-se, na Itália, com Mussolini e o fascismo; na Alemanha, com o nazismo de Hitler; na Espanha, com Primo de Rivera e o falangismo; em Portugal, com Salazar e o salazarismo. No Brasil, tivemos o Estado Novo, reclamado pelo poder militar e capitalizado politicamente por Getúlio Vargas.

Todos os golpes se parecem. Políticos agitam a opinião pública, estimulam os militares, e estes intervêm, sob a alegação de que *defendem as instituições constitucionais.* Em 1937, perdurava o clima da Revolta Vermelha de 1935, sufocada sucessivamente em Natal, Recife e Rio de Janeiro. Os comunistas estavam presos. Mas os generais, reunidos no gabinete do ministro da Guerra, a 27 de setembro, deliberam agir, *mesmo se colocando acima da Constituição.* Vargas concordou com o golpe, que lhe assegurava a permanência no poder, afastando as duas candidaturas apresentadas à sua sucessão: Armando de Sales Oliveira e José Américo de Almeida. Aproveitou uma tese para debate, do então capitão Olímpio Mourão Filho, e a apresentou como o "Plano Cohen", denunciando a preparação de um movimento comunista. Essa farsa, que o próprio general Góis Monteiro, mais tarde, denunciaria, foi levada, sob seu aval, aos ministros da Marinha e da Guerra, ao presidente da República, ao ministro da Justiça e ao chefe de Polícia, donde o pedido ao Congresso das medidas extremas que eram a concessão do "estado de guerra". Obtido esse, de um Congresso que nem pôde conhecer o texto do documento, apontado como *secreto,* Getúlio conseguiu dominar a situação no Rio Grande do Sul, São Paulo, Pernambuco e Bahia, onde havia possibilidade de resistência ao golpe de estado. Assim, a 10 de novembro de 1937 era criado o Estado Novo, modelo caboclo do fascismo. A Câmara e o Senado foram dissolvidos. Acabaram os partidos políticos, inclusive a Ação Integralista Brasileira, que se transformou em grêmio cultural. O presidente da República ganhou poderes absolutos *ad referendum* de um plebiscito que nunca se realizou. A imprensa silenciou, sob censura. A ação política transformou-se em conspiratória.

Enquanto isso, o mundo caminhava para a Segunda Guerra Mundial. Hitler invadiu a Polônia, depois a França, ameaçando dominar o mundo. A Inglaterra resistiu, mas perdeu suas melhores tropas e seu armamento mais moderno na retirada de Dunquerque. Os Estados Unidos quiseram socorrer a Inglaterra e só puderam transportar o que lhe restara da Primeira Guerra, quando o Brasil, com Getúlio Vargas e Osvaldo Aranha, lhes franqueou seus portos e aeroportos. A posição de neutralidade mantida pelo Brasil tornou-se insustentável depois do ataque de submarinos alemães a navios mercantes brasileiros. O Brasil rompeu relações com a Alemanha e a Itália e foi levado à guerra. Organizou-se uma Força Expedicionária terrestre, a FEB, e uma Força Aérea, a FAB, que tomaram parte na campanha da Itália. O reflexo desses acontecimentos animou a oposição, que rompeu o bloqueio da censura com uma entrevista de José Américo de Almeida ao repórter Carlos Lacerda, do *Correio da Manhã*. Congregaram-se as correntes oposicionistas em torno do brigadeiro Eduardo Gomes, único sobrevivente da revolta do Forte de Copacabana, em 1922. Vargas preparou-se para a nova fase, em que o Brasil iria participar da Conferência da Paz, alinhado com as democracias vitoriosas. Mandou elaborar nova legislação eleitoral. Recomeçaram a surgir os partidos: Partido Social Democrático, formado à base das interventorias estaduais; Partido Trabalhista Brasileiro, organizado pelo Ministério do Trabalho com os sindicatos; União Democrática Nacional, agrupada em torno da candidatura do brigadeiro Eduardo Gomes; Partido de Representação Popular, que é a antiga Ação Integralista Brasileira; Partido Comunista do Brasil.

Vargas apresentara a candidatura do ministro da Guerra, Eurico Gaspar Dutra. O apoio oficial não cresceu como o candidato esperava. Ao mesmo tempo, a anistia que Vargas concedera, tirando essa bandeira das mãos da oposição, pusera em liberdade os comunistas, que registraram pela primeira vez o seu partido e lideraram uma campanha pela continuação de Vargas: "Constituinte com Getúlio". Era um novo pretexto para um novo golpe. Os militares que apoiavam o brigadeiro e os que apoiavam Dutra depuseram Getúlio Vargas a 29 de outubro de 1945.

Com a Constituição

A candidatura Dutra pode ser representada por um gráfico em que a linha ascensional logo descamba vertiginosamente. Já havia quem duvidasse das eleições. Nem as eleições eram o caminho preferido pela UDN, contumaz perdedora nas urnas. Volta a ronda à porta dos quartéis e o próprio Dutra é envolvido nas conversações. Vargas é deposto a 29 de outubro. A grande imprensa e líderes udenistas apregoam como certa a vitória do brigadeiro Eduardo Gomes. Recolhido à sua estância de São Borja, Getúlio Vargas levara consigo o favor do povo e, quando ele disse que votassem em Dutra, Dutra venceu distanciadamente.

Esse homem, que tinha uma linha de autoritarismo, foi o mais fiel respeitador da Constituição brasileira.

A Carta de 10 de novembro de 1937, embora instituísse a ditadura do Executivo e abolisse o Legislativo, com o fechamento do Congresso, deixava o terceiro poder, o Judiciário, com as mesmas prerrogativas. Uma delas era a eleição do presidente e do vice-presidente daquele Poder pelos próprios ministros da Corte Suprema. Entretanto, já não era mais assim em 1945. Vargas passou a nomear aqueles dois dirigentes judiciários. Argumentou-se com o precedente dos Estados Unidos, em contrário à tradição republicana brasileira. Atribuiu-se ao último presidente eleito, ministro Bento de Faria, a sugestão ao presidente da República, tendo em vista as condições do regime autoritário. Se é verdade, a mudança não o favoreceu. Vargas escolheu o ministro Eduardo Espínola pelo critério da antigüidade. Para a Vice-Presidência, porém, não foi nomeado o ministro que lhe seguia, Laudo de Camargo, ex-interventor em São Paulo. O designado foi o ministro José Linhares. A ele coube, conseqüentemente, presidir a Comissão de Magistrados e Juristas nomeada para elaborar a Lei Eleitoral em março de 1945.

A preparação eleitoral era a prova de fogo do governo. Havia uma candidatura criada pelo presidente deposto, a de seu ministro da Guerra. A UDN sustentava o nome do brigadeiro Eduardo Gomes. Os comunistas haviam perdido a campanha "Constituinte com Getúlio". Silo Meireles, companheiro de Prestes na Coluna, promoveu o encontro do chefe comunista com o brigadeiro. Prestes manteve-se irredutível na pretensão de apresentar um candidato próprio, o qual foi o engenheiro Iedo Fiúza, que exercera com certo destaque a Prefeitura de Petrópolis. Discordando da solução, Silo Meireles escreveu um documento conhecido como "A Carta de Uberaba", que motivou a sua expulsão do Partido Comunista.

A reconstitucionalização ensejara o reaparecimento de uma entidade suprapartidária, a LEC. Começaram a ser registradas as primeiras chapas do Partido Democrático Cristão, do Partido de Representação Popular, da União Democrática Nacional, do Partido Social Democrático.

Dutra não era um candidato popular. Nem seu feitio pessoal, embora afável no trato, favorecia a propaganda eleitoral. Não era bom orador. Tinha a tradição do militar que sempre prestigiara o poder constituído e sustentara o Estado Novo. Vargas não lhe dera o apoio que ele esperava. Assim, a candidatura Dutra, ao contrário da de seu adversário, não lucrava eleitoralmente com a deposição de Vargas. Eduardo Gomes parecia caminhar para uma vitória fácil. Foi quando João Neves conseguiu obter o pronunciamento de Vargas em favor da candidatura de Dutra. O *slogan* "Ele disse" tornou-se ordem de comando. A massa populista obedeceu à sua voz. O PSD manteve os compromissos com o candidato do partido. O pleito, realizado a 2 de dezembro, transcorreu em perfeita ordem, com grande comparecimento de um povo que não votava, em eleição presidencial, desde março de 1930. A primeira impressão, colhida no entusiasmo das ruas das grandes cidades, profetizando a vitória do brigadeiro, foi-se modificando à proporção que eram conhecidos os resultados. Dutra obteve 55% da votação nacional, enquanto Eduardo Gomes se manteve com 35%. O terceiro candidato, engenheiro Iedo Fiúza, apresentado pelos comunistas, conseguiu 10% da votação. O Congresso teve a sua composição assim definida: PSD: 151 cadeiras; UDN: 77; PTB: 22; PCB: 14. A representação no Senado era de dois parlamentares por Estado. No antigo Distrito Federal, o PCB elegeu Luís Carlos Prestes e a UDN, Hamilton Nogueira. O candidato do PSD, Mozart Lago, foi derrotado. Vargas elegeu-se senador por dois Estados – Rio Grande do Sul e São Paulo – e deputado federal, encabeçando a chapa do PTB, por nove Estados.

A 2 de dezembro de 1945, a Assembléia Constituinte, eleita conjuntamente com o presidente da República, iniciou seus trabalhos. A 31 de janeiro de 1946, Dutra assumiu a Presidência da República. O período presidencial seria fixado pela nova Constituição. Houve a sugestão de alongá-lo por seis anos, contra o que se insurgiu Otávio Mangabeira, argumentando que, com aquele prazo, o presidente da República teria poderes de reformar todo o Poder Judiciário, o Legislativo e os altos comandos militares. Institui-se na tradição de quatro anos. Foi quando o deputado Prado Kelly, da UDN, propôs uma fórmula conciliatória de cinco anos. Consultado pelo líder da maioria, deputado Acúrcio Torres, Dutra concordou.

Dutra não era um político, nem fizera carreira administrativa. Soldado, do começo ao fim, fora o contestado do Estado Novo. Sua candidatura à Presidência representou a solução militar para o impasse da sucessão de Vargas. Os acontecimentos de 29 de outubro foram desencadeados por sua decisão. Deposto o ditador, foi sua a iniciativa de entregar o poder ao Judiciário, preservando o que restava de legalidade, quando o Executivo se tornava acéfalo, o Legislativo permanecia suspenso e Góis representava a ameaça da ditadura militar. Dizia-se que Dutra não se separava de um pequeno livro de capa vermelha – a Constituição que jurara cumprir. Cumpriu o juramento. Seu governo pôde ter como legenda um presidente que cumpria a Constituição.

A grande tarefa era a elaboração de uma nova Constituição. Nos debates travados, houve um acontecimento interpretado com paixão. O PCB conseguira, em dez meses de legalidade, empreender uma campanha eleitoral e conquistara uma senatória e 14 cadeiras de deputado. Era uma representação aguerrida porque era combatida. A 26 de março, Prestes vai à tribuna para se queixar de provocações, insultos os mais soezes aos comunistas e a si próprio que tiveram eco numa transcrição com expressões injuriosas nos Anais da Assembléia. Leu uma carta em que se fazia alusão a uma declaração sua, quando perguntado, textualmente, sobre a situação em que ficaria se o Brasil declarasse guerra à URSS. Juraci Magalhães intervém. Prestes responde que sua pergunta é capciosa. A discussão se alonga. Finalmente, Prestes define a resposta: no caso de "ser o Brasil arrastado para uma guerra contra a URSS, guerra que, no nosso ponto de vista, não pode ser guerra imperialista – seríamos contra essa guerra e lutaríamos da mesma maneira contra o governo que levasse o país a uma guerra dessa natureza".

O Partido Comunista nascera na clandestinidade, em março de 1922. A legalização não fora conseguida facilmente. O crescimento das eleições de dezembro de 1945 e janeiro de 1947 provocou o aumento de resistência no seio do governo, na área partidária e na área familiar.

A 23 de março de 1946, foram apresentadas duas denúncias do Tribunal Superior Eleitoral pedindo a cassação do registro do Partido Comunista, sob a alegação de que era uma organização internacional e tinha dois estatutos: um verdadeiro e outro preparado para obter o registro eleitoral. As sindicâncias começaram em maio de 1946. Um incidente com o secretário da embaixada do Brasil em Moscou, Soares de Pina, agravou a situação. Finalmente, a 7 de maio de 47, o TSE votou por três a dois pelo cancelamento do registro do PCB. Estava ganha a primeira partida do segundo lance que se iria desenrolar na Câmara dos Deputados. O Conselho Nacional do PSD formulou, perante a Justiça Eleitoral, a questão de saber como se preencheriam as vagas abertas com a cassação do mandato dos congressistas comunistas. Os debates parlamentares foram acirrados. A Comissão de Justiça da Câmara concluiu pela rejeição do projeto por inconstitucionalidade. Não obstante, foi aprovado em plenário. O *Diário do Congresso Nacional* publicou, em edição de 11 de janeiro de 1948, a resolução da Mesa da Câmara dos Deputados declarando extintos os mandatos de deputados e suplentes eleitos sob a legenda do Partido Comunista. O Senado, as Assembléias Legislativas estaduais e municipais deliberaram no mesmo sentido.

Nos braços do povo

Vargas voltara aos *pagos.* O Rio de Janeiro não retivera o ditador depois de outubro de 1945. A Assembléia Nacional Constituinte não o atraiu demoradamente. Também à Academia Brasileira de Letras, que reformara os estatutos para convidá-lo a se candidatar e elegê-lo, teve três ou quatro comparecimentos. Na velha estância de São Borja, acordava cedo, bebia o *amargo,* compeava com seus peões. Vida primitiva. Comia junto com o capataz. A solidão e a quietude do pampa foram a moldura que serviu por algum tempo. Até que o problema sucessório levantou a poeira e os automóveis percorreram as estradas e desceram nos campos da estância. A UDN insistia em mais uma candidatura do brigadeiro, o que impossibilitou acordos partidários. O PSD teve seu candidato natural, senador Nereu Ramos, vetado pelo presidente Dutra, o qual acabaria indicando o mineiro Cristiano Machado, que abandonou em uma retirada política, que passou a se chamar: cristianizar.

No PTB, notadamente Napoleão Alencastro Guimarães e Segadas Viana sentiram que era hora de apresentar a candidatura de Vargas. Ele relutava, mas finalmente, na data de seu aniversário, a 19 de abril, Vargas responde ao apelo de uma concentração de trabalhadores e trabalhistas: "Levai-me convosco."

Houve a tentativa de um veto militar transmitido pelo ministro da Guerra, general Canrobert Pereira da Costa, ao genro de Vargas, Ernâni do Amaral Peixoto, anulado pela resistência de numerosos chefes militares, liderados pelo general Estilac Leal. A questão militar tinha seu primeiro desfecho numa eleição do Clube Militar, onde a corrente de Estilac Leal vence, derrotando aquela chefiada por Osvaldo Cordeiro de Farias. Era, de certo modo, uma prévia das eleições nacionais. Vargas inicia a campanha mais ampla que até então fizera um candidato, percorrendo 20 Estados da Federação, discursando em 77 cidades durante 53 dias de propaganda. A 30 de setembro, encerra sua campanha eleitoral em um comício em São Borja, sua terra natal. A 3 de outubro, depois de ter votado, segue de avião para a Estância de São Pedro, próxima de Uruguaiana, propriedade de João Batista Luzardo.

A batalha da posse, quando se tentou, mais uma vez, a tese da maioria absoluta, foi vencida por Vargas. Mas a guerra continuava. O governo, iniciado a 31 de janeiro de 1951 e terminado, tragicamente, a 24 de agosto de 1954, é o período mais fecundo do longo consulado getuliano. Formando uma assessoria onde se destacavam Rômulo de Almeida, Jesus Soares Pereira e Cleanto Paiva Leite, Vargas projetou e realizou, enquanto pôde, grande obra de administração: Plano do Carvão, Desenvolvimento da Amazônia, criação de um instrumento adequado para resolver o problema do petróleo – a Petrobrás –, Eletrobrás, Banco Nacional de Desenvolvimento Econômico, Banco do Nordeste, Projeto de Eletrificação – tudo se desenvolvia nas manhãs trabalhosas do Palácio do Catete, enquanto lá fora a grande imprensa, ligada à oposição, silenciava. Vargas só teve um jornal a apoiá-lo: a *Última Hora,* que foi atacada e manietada, com o sacrifício do seu diretor, o jornalista Samuel Weiner. Assim se desenvolveu um clima de insegurança dentro do qual ocorreu o crime da Rua Tonelero, quando foi morto o major Rubem Vaz, que acompanhava o jornalista Carlos Lacerda.

A campanha violenta desse jornalista provocou a reação estúpida de Gregório Fortunato, chefe da guarda pessoal de Vargas, que contratou um pistoleiro para matar Lacerda. Aquele, errando o alvo, atingiu o oficial-aviador. A repercussão foi terrível; explorou-se o fato contra Vargas, cuja renúncia foi exigida da tribuna da Câmara e nas manchetes dos jornais. Vargas, desejoso de evidenciar o seu alheamento e da sua família àquele crime, determinou as mais severas providências, através de seu ministro da

Justiça, Tancredo Neves. Criou, por decisão sua, um Inquérito Policial-Militar na Aeronáutica, onde se constituiu a chamada República do Galeão. A crise avolumou-se. Vargas tentou licenciar-se do poder, permitindo a elucidação completa da verdade. Reuniu seu ministério, pela última vez, a 23 de agosto. Na manhã seguinte, avisado de que o ministro da Guerra, general Zenóbio da Costa, acordara com outros generais à sua disposição e recebendo a notícia (falsa) de que seria intimado a depor no Galeão, suicidou-se com um tiro no coração. A carta-testamento que deixou, explicando o seu gesto, constitui, até hoje, importante documento.

CAPÍTULO XI

CAFÉ FILHO

Antes mesmo que Vargas se visse compelido à renúncia – que estigmatizou com o suicídio –, Café Filho era solicitado por Carlos Lacerda e a UDN a assumir o compromisso de substituir o presidente, cuja desistência ia ser exigida.

Café Filho assumiu o poder na mesma manhã do suicídio de Vargas, a 24 de agosto de 1954. Intalou-se imediatamente no Palácio Laranjeiras, onde começou a exercer suas funções de chefe do Executivo. A sua tarefa era bastante difícil. Naquele momento, as paixões políticas entrechocavam-se e Café Filho não tinha base parlamentar suficiente para ampará-lo no desempenho de suas funções.

O novo presidente encontrava-se entre duas forças: de um lado, a pressão do antigetulismo, de outro, o ressentimento das camadas populares.

Não era fácil organizar um ministério naquela altura, quando as paixões ainda estavam muito vivas. Contrariando suas raízes populistas, Café Filho escolheu um gabinete nitidamente conservador. Mais tarde declarou que não era a sua intenção substituir todos os ministros do Governo Vargas, mas foi obrigado a compor um ministério inteiramente novo porque muitos dos auxiliares do governo anterior começaram logo a hostilizá-lo.

Em fins de janeiro de 1955, encerravam-se as comemorações do IV Centenário da fundação da cidade de São Paulo. O ministro Seabra Fagundes é convidado a visitar oficialmente aquele Estado, onde iria presidir as solenidades.

Antes de embarcar, num dia de despacho com o presidente da República, Seabra Fagundes toca no assunto de sua viagem. Em São Paulo, certamente seria assediado por repórteres que lhe iriam fazer perguntas sobre a sucessão presidencial. Seabra Fagundes expõe, então, ao presidente, seu ponto de vista. O governo não devia imiscuir-se na política sucessória. Isso era tarefa dos partidos. Ao governo só cabia manter a ordem, para que a campanha eleitoral se processasse normalmente. Não lhe cabia opinar sobre as diferentes tendências, nem os diferentes candidatos. Café Filho concorda com seu ministro. Era essa exatamente sua opinião.

De volta ao Rio de Janeiro, no dia 27, é com surpresa que Seabra Fagundes ouve o presidente Café Filho, em uma de suas alocuções rotineiras na *Voz do Brasil,* englobar, em sua fala semanal, as idéias expostas pelos chefes militares, em um manifesto enviado ao presidente da República, a 23 de dezembro:

> Os chefes militares das três Forças Armadas (. . .) sentem-se no dever moral de encarecer, junto a V. Exa., a necessidade de um apelo do Governo da República a todas as forças políticas nacionais em favor de um movimento altruístico de recomposição patriótica, que permita a solução do problema da sucessão presidencial, em nível de compreensão, em espírito de colaboração interpartidária, sem o acirramento dos ódios e dissenções que vêm abalar seriamente a vida nacional.

Os prenúncios de uma sucessão convulsionada surgiram desde que foi indicada uma candidatura, por um partido, sem maiores entendimentos com as outras forças políticas.

Café Filho falava muito em união nacional. E, na opinião do presidente da República, deveriam todos reunir-se em torno de um candidato que possibilitasse a união nacional. Pelos termos de sua proposição, isso só poderia ser atingido caso se congressassem em torno de um candidato militar.

Por isso, Juscelino propôs a Amaral Peixoto que se fizesse em breve uma reunião do Diretório Nacional do PSD para definir posições, inclusive para que a cúpula do partido se decidisse, oficialmente, por um candidato.

Passados alguns dias, já em Belo Horizonte, o governador foi procurado por Trancredo Neves, que lhe falava em nome de Osvaldo Aranha.

Após as eleições de 3 de outubro, o presidente do PTB, João Goulart, derrotado como candidato a senador, se retirara para Buenos Aires. O partido ficara sob a liderança de Osvaldo Aranha, figura de grande penetração em todas as áreas políticas do país.

Tancredo Neves vinha com a incumbência de dizer a Juscelino que, para resolver o problema das próximas eleições e fazer uma sucessão que teria sido do agrado de Vargas, era preciso que o PTB e o PSD se reunissem. Isso só seria obtido com um candidato forte e que tivesse coragem para enfrentar a onda de oposição que daí surgiria. Osvaldo Aranha achava que os requisitos necessários eram encontrados em Juscelino. O governador mineiro, entretanto, não dá resposta a Tancredo Neves, pois precisava consultar seu partido.

Foi então marcada para 25 de novembro a reunião do Diretório Nacional do Partido Social Democrata. Compareceram todos os líderes estaduais do partido e, sob a presidência de Amaral Peixoto, iniciaram-se os trabalhos. A grande maioria dos políticos presentes mantinha-se firme em torno da candidatura de Juscelino. Mas havia as três fortes oposições de

Etelvino Lins, Nereu Ramos e Peracchi Barcelos, este representando os gaúchos. A fim de que o partido se sentisse à vontade para a escolha de seu candidato, Kubitschek enviara uma carta a Amaral Peixoto dando plena liberdade a seus companheiros.

O oposição gaúcha surgira por causa da possível aliança do PSD com o PTB, pois havia incompatibilidade entre os dois partidos na política do Rio Grande do Sul.

Apesar das divergências, o nome do governador de Minas Gerais é escolhido para ser apresentado, num futuro próximo, à Convenção Nacional do PSD.

Dessa maneira, é lançada a candidatura de Juscelino Kubitschek.

Diversas foram as repercussões da escolha oficial do nome de Juscelino Kubitschek no seio dos demais partidos. Os líderes udenistas, declarando que não opinavam, chamaram a atenção para o fato de a escolha não ter sido unânime. Alguns elementos de projeções do PTB reagiram de forma muito positiva. O PR estava favorável, devendo reunir-se dentro de poucas semanas, sob a presidência do senador Bernardes Filho, para certamente apoiar aquela candidatura.

No dia 26 de novembro, depois de ter declarado que recebia a indicação de seu nome como uma homenagem a Minas Gerais e ao povo mineiro, Juscelino inicia sua campanha presidencial, realizando, em Belo Horizonte, o seu primeiro comício.

Etelvino Lins declara que continuará lutando, dentro do PSD, pela tese da união nacional. Acha que a situação econômico-financeira do país é de tal ordem que este não poderá suportar, sem perigo para as instituições, uma luta política acesa entre correntes adversas. Entende que Kubitschek, através de uma firme atuação junto aos demais partidos e de atitudes nitidamente de acordo com os princípios e propósitos essenciais que norteiam esses mesmos partidos, poderá tornar-se, ainda, o candidato de união nacional. Se isso não ocorrer, acrescenta Etelvino Lins, a luta será deflagrada, com imprevisíveis malefícios para a vida nacional.

No dia 30, em São Paulo, o líder udenista Prado Kelly declara:

> A minha opinião pessoal sobre a candidatura do governador Juscelino Kubitschek é de que, pelas origens e pelo processo escolhido, não poderá ser aceita pela UDN, por melhores que sejam os seus propósitos e ampla compreensão da política brasileira. É de se esperar que, todos os elementos que consideram a candidatura Juscelino como a expressão de um sentimento sebastianista, quanto aos rumos da política brasileira, congreguem em torno de um programa que corresponda às esperanças de uma reforma, pela qual anseia a opinião brasileira. Nesta fase dos acontecimentos, há mais necessidade de traçar as bases de uma política orgânica, de solução do problema nacional, de reconhecida relevância, de afirmações de teses moralizadoras, do que o debate de nomes.

Estava iniciada a campanha e estava aberta a polêmica em torno do governador de Minas Gerais.

No fim do mês de dezembro de 1954, começam a surgir boatos sobre o aparecimento de um documento de militares vetando a candidatura Kubitschek. As conjecturas sobre o assunto ficaram um tanto confusas quando, no dia 29, o ministro da Guerra, general Teixeira Lott, declara, na Escola de Instrução Especializada, por ocasião da solenidade de formatura, que o Exército não deve sair da órbita de suas atribuições. As suas armas jamais poderão ser usadas contras as instituições vigentes.

Independente dessa declaração, continuam os comentários sobre a existência do tal documento dos chefes militares. Mas tudo não passa de conjecturas, pois ninguém tivera acesso ao referido manifesto.

Politicamente, Minas Gerais apoiava maciçamente a candidatura de seu governador.

A 20 de janeiro, Juscelino recebe, por intermédio do senador Bernardes Filho, um convite para ir ao Palácio do Catete. Lá chegando, o presidente da República expõe-lhe uma série de dificuldades que estavam afligindo o país. E, como prova do que dizia, Café Filho apresenta a Kubitschek o manifesto dos chefes militares. Indagado se pretendia publicar o documento, o presidente responde que dependia das circunstâncias. Juscelino acha que já é hora de definir a sua posição. O Diretório do PSD já escolhera seu nome para candidato e já convocara a Convenção Nacional para 10 de fevereiro. Por isso, afirma a Café Filho que vai concorrrer às eleições presidenciais.

Acometido de um distúrbio cardiovascular, o presidente Café Filho é recolhido ao Hospital dos Servidores do Estado na madrugada de 3 de novembro. Durante alguns dias, foi mantido em rigoroso isolamento por seus médicos, não podendo receber visitas nem muito menos tomar conhecimento dos acontecimentos políticos do país.

Preso ao leito, debaixo de uma tenda de oxigênio, o presidente a tudo ignorava.

No dia 6, Raimundo de Brito e Aarão Benchimol, os médicos que o tratavam, resolvem convocar para uma conferência médica os professores Genival Londres, Teobaldo Viana e Deolindo Couto. A junta reúne-se no dia 7 para submetê-lo a rigoroso exame. Conclui que o presidente deve permanecer em repouso absoluto por mais algum tempo.

Por esse motivo, Café Filho convocou seu ministro da Justiça e pediu a Prado Kelly que estudasse a maneira de transmitir o poder a seu sucessor, Carlos Luz. Assim, enquanto estivesse em tratamento de saúde, o país não ficaria acéfalo.

Estudada a questão, Prado Kelly voltou com a solução que seria uma simples carta do presidente Café Filho ao presidente da Câmara.

Na manhã de 8 de novembro, o presidente Café Filho reuniu, pela última vez, ali mesmo no hospital, todo o seu ministério.

Depois dessa ocasião, até o dia 10, Café Filho ficou não somente em repouso, mas também na ignorância absoluta do que se passava no país. Na noite de 10 de novembro, Monteiro de Castro, burlando a vigilância médica, conseguiu falar com o presidente e lhe contou que Carlos Luz acabara de conceder exoneração ao general Lott e nomeara para ministro da Guerra o general Fiúza de Castro. Carlos Luz encarregara Monteiro de Castro de comunicar o fato ao presidente. Não era uma consulta.

A notícia alarmou Café Filho. Essa demissão deveria ter implicações políticas que ele desconhecia. No momento, era delicada a situação político-militar. Como se justificava a substituição de um general do Exército da ativa, que tinha controle de comandos, por um general da reserva? Certamente que o caso Mamede havia evoluído.

As naturais preocupações daí advindas fizeram com que Café Filho piorasse. Também Munhoz da Rocha esteve com o presidente e outros conversaram sobre o assunto.

Sentindo que o presidente não estava bem, Raimundo de Brito determinou novas medidas de isolamento.

No dia 11, Café Filho ouviu os tiros das fortalezas contra o *Tamandaré*. Interpelando a enfermeira, esta respondeu-lhe que eram foguetes de alguma festa de santo. Entretanto, durante todo aquele dia Café Filho desconfiou, pelas fisiononias dos que o cercavam, de que algo de anormal se passava.

À noitinha, Benchimol e Raimundo de Brito deram-lhe as notícias, em doses homeopáticas, para que ele não se emocionasse. E assim ele ficou sabendo que Carlos Luz já não era mais o presidente em exercício.

No dia seguinte, Nereu Ramos, empossado por Lott na Presidência, comparece ao Hospital dos Servidores, acompanhado pelo chefe do seu Gabinete Militar, para fazer uma visita a Café Filho. Não houve conversa sobre política. Foi uma visita de cortesia, mas que, para o presidente enfermo, pareceu traduzir uma disposição pessoal de reconhecimento de sua autoridade.

No dia 14, Café Filho transferiu-se para a Clínica São Vicente a fim de completar sua convalescença. Era um local mais tranqüilo e menos poluído, junto a um grande parque.

No dia seguinte, Raimundo de Brito foi chamado por Nereu Ramos ao Catete. O presidente estava preocupado com o fato de terem retirado o carro oficial que servia a Café Filho. Na ocasião disse ao médico que só ficaria na Presidência enquanto as condições de saúde de Café Filho lhe permitissem que exercesse o mandato.

Dias depois, Nereu Ramos deu uma entrevista a jornalistas uruguaios dizendo a mesma coisa, mostrou-se interessado na recuperação da saúde de Café Filho, com o que lhe devolveria o cargo.

Apesar disso, Café Filho sentia que a política do país tomava rumos à sua revelia. E começou a admitir a hipótese de renunciar, mais como forma de protesto. Chegou mesmo a redigir essa resignação, mas resolveu aguardar os acontecimentos.

A 21 de novembro, novamente Café Filho foi submetido a uma junta médica. Além dos médicos que já o haviam examinado, foram chamados os professores Aluísio de Castro, Jairo Ramos e Luís Feijó.

Havia grande expectativa em torno da possibilidade do seu retorno ao governo. Desde o dia 18, o general Lott já manifestara o desejo de visitar o presidente Café Filho. A visita foi marcada para o domingo, 20 de novembro.

Por ocasião do encontro, os primeiros instantes foram gastos com perguntas sobre a saúde do presidente. Depois Lott indagou se Café Filho pretendia reassumir. A resposta só poderia ser dada após o exame médico marcado para o dia seguinte. O ministro da Guerra então lhe informou que a sua volta ao poder só seria permitida pelos generais mediante certas condições. Era preciso que Café Filho não compactuasse com elementos inspirados nas pregações golpistas do jornalista e deputado Carlos Lacerda.

Era preciso que Café Filho convocasse novo ministério, afastando o brigadeiro Eduardo Gomes e o almirante Amorim do Vale. E como aqueles generais julgassem difícil que Café Filho tomasse tal atitude, Lott ali estava para dizer que era julgada inconveniente a sua volta ao poder.

Café Filho já soubera, antes da chegada do ministro, de ter havido uma reunião de generais que se haviam manifestado contra o seu retorno. Mas não deixou de constituir surpresa o ultimato de Lott. Não supusera que se chegasse ao ponto de efetivar uma imposição ao presidente constitucional. Também não imaginara que a visita de Lott se desse com tal propósito.

A atitude de Lott fez com que Café Filho mudasse inteiramente de opinião. Não renunciaria. Pelo contrário. Estava, agora, mais do que nunca, disposto a reassumir a Presidência da República a qualquer preço.

A grande surpresa de Café Filho também se deu pelo fato de desconhecer a amplitude que tomara a crise política nacional.

Assim, foi esta a resposta que deu ao ministro da Guerra: "Serei submetido amanhã ao exame de uma junta médica. Se o resultado for no sentido de que estou em condições de exercer o cargo, procurarei reassumi-lo sem discutir condições. Só compreendo a função de presidente da República na plenitude da autoridade e da dignidade que lhe são indispensáveis. A não ser assim, prefiro ser deposto." E depois de mais alguns instantes de conversa declarou: "Ou exerço o poder na sua plenitude, ou não o exercerei."

Ao deixar o Catete, o general Lott convocou nova reunião de generais para dar conta de sua missão, relatando a resolução de Café Filho de resistir.

O generais, por sua vez, mantiveram a decisão de não permitir a volta de Café Filho ao Catete.

Submetido ao exame médico programado, Café Filho teve permissão para retornar ao trabalho.

O povo sabia, pelos jornais, através de declarações de Nereu Ramos e de seu ministro da Justiça, Meneses Pimentel, que Café Filho poderia reassumir a Presidência da República no momento em que desejasse.

Divulgado o laudo médico, a imprensa e o rádio intensificaram a expectativa.

Café Filho encarregara Prado Kelly de redigir o ofício que seria dirigido a Nereu Ramos e aos presidentes do Supremo Tribunal Federal, da Câmara dos Deputados e do Senado:

> Tendo cessado os motivos do impedimento que me levaram a afastar-me do exercício da Presidência da República, tenho a honra de comunicar a V. Exa. que nesta data e a partir deste momento, reassumo para os devidos efeitos, aquelas funções.
>
> Nesta oportunidade, reitero-lhe os protestos de minha consideração e estima.

Oseas Martins, secretário particular do presidente, foi encarregado de levar a comunicação a Nereu Ramos. Quando chegou ao Palácio do Catete, encontrou-o cercado de tropas e carros de combate. Todas as ruas à volta do Palácio estavam igualmente bloqueadas por forças do Exército. Não conseguindo entrar, Oseas Martins entregou o ofício ao capitão Amaral que, talvez por ser militar, não teve barrado o seu acesso à sede do governo.

Quando se preparava para deixar a Clínica São Vicente, no dia 21, Café Filho foi informado do que ocorrera.

Já eram 17h quando o presidente partiu para a sua residência, em Copacabana, acompanhado por uma pequena comitiva de amigos fiéis.

Era intenção de Café Filho pernoitar em seu apartamento do Posto 6 e, no dia seguinte, comparecer ao Palácio, no expediente normal, para reassumir suas funções, em vista de já ter feito as devidas comunicações.

À porta do edifício onde morava, grande número de manifestantes o esperava, pois a notícias do seu regresso tinham sido amplamente divulgadas.

Minutos depois, ao assomar à janela de seu apartamento, no segundo andar, Café Filho teve a surpresa de ver toda a área transformada em praça de guerra – tropas armadas, metralhadoras, tanques de guerra. Por entre os soldados e os carros de combate, o povo se espalhara, muitas vezes vaiando a tropa ou aplaudindo o presidente, quando era avistado à janela. Essa reação popular motivou represálias com gás lacrimogêneo, cassetetes e até ameaças de baionetas. Os fotógrafos foram os alvos imediatos dos militares, que quebraram muitas de suas máquinas.

E a medida foi se ampliando – ninguém entrava, ninguém saía do apartamento; depois, nem mesmo do próprio edifício. Só bem mais tarde é que as ordens nesse sentido foram suavizadas.

Por esse motivo, o presidente Café Filho impetrou um mandado de segurança ao Supremo Tribunal Federal, para que aquela corte lhe garantisse a posse na Presidência da República. E também entrou com um pedido de *habeas-corpus* a fim de ter o direito de *ir e vir* do seu apartamento, isto é, liberdade de locomoção.

O aparato bélico em torno do edifício foi diminuindo com o tempo e o cerco se reduziu. Mas a Polícia Especial ali permaneceu até 31 de janeiro de 1956.

Os últimos a se retirarem foram os investigadores, que tinham ordens de acompanhar Café Filho.

No dia 31 de janeiro, Café Filho seguiu para Petrópolis, com Raimundo de Brito. Voltara a ser o cidadão livre João Café Filho.

* * *

Tendo o deputado Carlos Luz deixado a Presidência da Câmara para substituir o presidente Café Filho, que adoecera, seu lugar foi preenchido pelo vice-presidente, deputado Flores da Cunha.

Na madrugada do dia 11 de novembro, tão logo o deputado gaúcho tomou conhecimento da agitação militar que se desencadeara no país, dirigiu-se ao Palácio Tiradentes. Às 6h da manhã, as portas da Câmara dos Deputados foram abertas para receber todos os seus membros. Depois disso, Flores da Cunha convocou uma reunião, em seu gabinete, com os líderes de todos os partidos políticos e o senador Nereu Ramos, presidente em exercício do Senado. A conferência durou até as 11h da manhã, quando foram iniciados os trabalhos da Câmara.

Aberta a sessão, foi lida uma comunicação do presidente Carlos Luz, em que este declarava estar no pleno exercício da Presidência da República, a bordo do cruzador *Tamandaré*.

Em seguida, o líder pessedista, Gustavo Capanema, apresentou moção em que chamava a atenção dos senhores deputados para a situação de fato em que se encontrava o país. Não cabia, na ocasião, analisar o sentido do movimento militar deflagrado. O importante, no momento, era evitar uma ditadura militar.

Houve grande debate sobre o assunto, opondo-se, em suas idéias, a maioria e a minoria. Falaram contra a moção os deputados João Agripino, Afonso Arinos, Castilho Cabral, Alberto Torres e Adauto Lúcio Cardoso. Apoiaram a proposta de Capanema, além do seu autor, Fernando Ferrari e Croaci Oliveira.

Posta em votação, a moção de Capanema foi aprovada por 185 votos contra 72, contando com o apoio das bancadas do PSD, PTB, PSP, PTM, PR e PRP. A minoria só teve o apoio da UDN.

Às 16h foi levada ao Senado, por uma comissão de deputados, a decisão da Câmara sobre a moção apresentada por Gustavo Capanema. O senador Nereu Ramos levou o ofício à consideração do plenário. Posto em votação, o Senado o aprovou por 43 votos a 9.

Discursaram, durante os debates, os senadores Argemiro de Figueiredo, contra a moção, e Atílio Vivacqua, Apolônio Sales e Kerginaldo Cavalcânti, a favor.

Apurados os resultados, com o que se verificou ter sido o ofício aprovado pelas duas casas do Congresso, com fundamento no Art. 79, parágrafo 1º., da Constituição, o deputado Carlos Luz foi declarado *impedido* para o exercício da Presidência da República. Conseqüentemente, estava convocado para substituí-lo seu sucessor legal, o senador Nereu Ramos.

Saindo do Senado, Nereu Ramos, por volta das 17h, compareceu ao Ministério da Guerra, sendo recebido, na entrada, pelo marechal Mascarenhas de Morais e vários oficiais, que o conduziram ao gabinete do ministro da Guerra.

Nereu Ramos e Lott mantiveram uma conversa a portas fechadas por alguns minutos. Depois, passando para o Salão dos Despachos, o ministro da Guerra apresentou o novo presidente da República aos oficiais-generais ali presentes.

Do Ministério da Guerra, Nereu Ramos e Henrique Lott seguiram para o Palácio do Catete, onde seria realizada a posse solene do novo presidente da República.

O senador Nereu Ramos recebeu a investidura de chefe do Governo das mãos do general Teixeira Lott, na qualidade de chefe do movimento revolucionário. Haviam se passado 32 horas de governo de fato.

Às 20h o presidente Nereu Ramos assinava seus primeiros atos, nomeando alguns membros de seu governo. Ministro da Guerra – general Henrique Lott; ministro da Marinha – almirante-de-esquadra Alves Câmara Júnior; ministro da Aeronáutica – brigadeiro Vasco Alves Seco; ministro da Justiça – Francisco de Meneses Pimentel; chefe da Casa Civil – Paulo Lira; chefe da Casa Militar – coronel F. L. Brayner.

Munhoz da Rocha, ministro da Agricultura, tinha maiores ligações com Café Filho, seu amigo e compadre, do que com o presidente Carlos Luz.

Pouco depois das 5h da manhã do dia 11, Munhoz recebeu um telefonema do capitão Juércio e do major Nei Braga, então prefeito de Curitiba, avisando-o dos últimos acontecimentos e de que o presidente Carlos Luz já o havia abandonado desde as 2h. O capitão Juércio preveniu-o de que não fosse ao Catete, pois já não poderia entrar.

Por isso, Munhoz da Rocha resolve seguir para o Hospital dos Servidores, em companhia de seu genro, o capitão-aviador Berenguer César. No Flamengo, vê tropas ocupando a Rua Silveira Martins, bloqueando o Palácio.

Ao chegar ao hospital, avista-se com Raimundo de Brito e o ajudante-de-ordens do presidente, capitão-aviador Almeida, que lhe dão maiores informações sobre a crise. Café Filho ainda dorme. É impossível falar-lhe, pois não pode saber dos acontecimentos. Raimundo de Brito informa, mais ainda, que Carlos Luz se encontra no Arsenal de Marinha, acompanhado por alguns ministros. Munhoz da Rocha segue para lá também.

Quando chega ao Arsenal, encontra-o guarnecido por tropas de fuzileiros navais. Ao chegar à entrada principal do Ministério da Marinha, avista o presidente Carlos Luz e mais os ministros Prado Kelly e Marcondes Ferraz, os coronéis Mamede e Canavarro, Monteiro de Castro, Carlos Lacerda. Encaminhavam-se para uma lancha que os levaria para bordo do cruzador *Tamandaré*.

Munhoz da Rocha resolve acompanhar o presidente. Achou que, fazendo parte do seu ministério, deveria segui-lo e correr a mesma sorte.

Permaneceram atracados durante duas horas, abastecendo o navio. Nesse ínterim, Carlos Luz redigiu uma mensagem à Câmara, relatando os fatos.

O *Tamandaré* desatraca depois das 9h da manhã. Seu comandante é o capitão-de-mar-e-guerra Sílvio Heck; o imediato é o comandante Edmir Moreira. Mas está a bordo o comandante-em-chefe da Esquadra, vice-almirante Pena Boto.

O tempo continuava nublado.

Até que atingissem certa distância do litoral do Rio de Janeiro, passaram por alguns sustos por causa dos fortes que guardam a cidade.

Ao chegarem a São Paulo, não puderam desembarcar, pois o porto de Santos já estava com o Exército.

A ordem é retornar.

A 13 estão de volta ao Rio de Janeiro.

Terminara o episódio do *Tamandaré*, mas não passara a crise.

CAPÍTULO XII

JUSCELINO KUBITSCHEK

A morte de Vargas precipitara e tumultuara o quadro sucessório. A UDN, considerando-se em situação privilegiada e se aproveitando do fato de o presidente em exercício não ter forte esteio político, repetiu a manobra de aproximação com as Forças Armadas, o que levou Café Filho a sugerir a Juscelino que retirasse a sua candidatura. Juscelino resistiu. A manobra tendente à indicação do candidato único, desde que fosse udenista, não prevaleceu. Também uma sugestão do então governador de Pernambuco, Etelvino Lins, de adiamento das eleições, foi rechaçada. A 3 de outubro Juscelino elegeu-se.

Quando se discutia a sucessão, era reformada a Lei Eleitoral. Havia dois pontos sobre os quais incidia grande parte das críticas – a instituição da cédula oficial e a necessidade de o candidato à Presidência da República obter a maioria absoluta dos votos do eleitorado do país.

Foi então encarregado o ministro Edgard Costa, presidente do Superior Tribunal Eleitoral, de elaborar a nova lei, contendo as modificações pleiteadas pela maioria dos políticos da época.

Edgard Costa, ouvindo sugestões de Afonso Arinos de Melo Franco, representante da UDN, e de José Maria Alkmin, representante do PSD, além de seus pares no Tribinal Superior Eleitoral, deu forma ao projeto que, submetido ao Congresso, transformou-se na Lei nº. 2.550, de 25 de julho de 1955.

Durante o período dessa elaboração, o general Lott foi mais uma vez procurado por seus colegas titulares das pastas militares, que achavam que a candidatura Juscelino Kubitschek ganhava corpo, com grandes possibilidades de vitória, o que seria, de certa forma, um retorno à situação anterior a 24 de agosto de 1954. O ministro da Guerra, ouvindo-os e também aos políticos do PSD e demais partidários da chapa Juscelino-Jango, firmou-se no propósito de cumprir fielmente tudo o que a nova lei viesse a determinar. Era o aval do chefe do Exército para o pleito que se anunciava.

O Tribunal Eleitoral tinha dificuldade em fornecer a todos os eleitores do Brasil as cédulas oficiais em tempo de poderem ser utilizadas no próximo pleito, a se realizar cerca de 30 dias após a publicação do dispositivo legal. O PSD, que já tinha distribuído suas cédulas por todo o país, dispôs-se a fornecer transporte para o novo material. Em certos casos, além de serem transportadas por via aérea, as cédulas tiveram que ser empacotadas em pesados fardos e atiradas sobre localidades de difícil acesso.

Os adversários de Juscelino tentaram pressionar o TSE no sentido de adotar o princípio da maioria absoluta. Na eleição de Vargas, em 1950, fora tentada idêntica manobra, rejeitada por unanimidade.

Logo após as eleições, Juscelino divulgou sua plataforma administrativa, anunciando o que denominou Programa de Metas e declarando que, se o completasse, o Brasil teria avançado 50 anos nos cinco de seu Governo.

Foi no decorrer da campanha que surgiu Brasília:

> Em Jataí, entretanto, ocorreu um fato, relacionado com essa inovação, que iria tornar aquele comício histórico. Quando, ao terminar o discurso, indaguei se alguém desejava fazer-me alguma pergunta, um popular adiantou-se e me interpelou: "Já que o senhor se declara disposto a cumprir integralmente a Constituição, desejava saber se irá pôr em prática aquele dispositivo da Carta Magna que determina a transferência da capital da República para o Planalto Goiano." A pergunta era, na realidade, embaraçosa. Desde que me candidatara à Presidência, havia organizado, com a cooperação de uma equipe de técnicos, um programa de governo que, se eleito, iria realizar. Tratava-se do Plano de Metas, que englobava todos os setores do país. Em nenhuma dessas 30 metas, porém, havia qualquer referência à mudança da capital. Desde muito tempo, já me habituara a ver, no mapa do Brasil, aquele retângulo colorido, assinalando o local do Distrito Federal. A idéia sempre me parecera utópica, irrealista. Entretanto, naquele comício de Jataí, de súbito posto frente a frente com o desafio, tinha interesse no problema. Além do mais, a mudança estava prevista na Constituição. Não hesitei um segundo e respondi, com firmeza: "Acabo de prometer que comprirei, na íntegra, a Constituição, e farei a mudança da sede do governo e construirei a nova capital!" O aparteante chamava-se Antônio Carlos Soares, o Toniquinho. Era coletor estadual.

O Programa de Metas do presidente Juscelino Kubitschek, elaborado com estudos e pareceres de autoridades de cada assunto, constituía-se de uma série de programa setoriais e investimentos destinados a orientar a execução de obras e expandir ou implantar indústrias e serviços indispensáveis ao equilibrado desenvolvimento do país.

Era o primeiro candidato que propunha um programa de obras definidas capazes de alterar a fisionomia econômica e social do país e acelerar seu progresso.

Na verdade, experiências anteriores de ação planejada do governo constituíam um legado apreciável. A criação da siderurgia no Brasil exigira um longo e trabalhoso cronograma de atividades no Governo de Getúlio Vargas. O Plano Salte, embora frustrado em sua continuidade com o término do Governo Dutra, que o elaborara, contribuíra para a adoção de medidas de racionalização do processo orçamentário. O Brasil baseara seu desenvolvimento na colaboração entre a ação governamental e a empresa privada. Disciplinara o processo de desenvolvimento econômico solicitando ao Governo dos Estados Unidos da América o envio das Missões Cooke, Abbink e Leine Saks; intituindo, em 1948, o Plano Salte; criando, em 1951, a Comissão Mista Brasil – Estados Unidos para o Desenvolvimento Econômico; amparando financeiramente as pesquisas do Grupo Misto constituído por funcionários da Comissão Econômica para a América Latina (CEPAL) e do Banco Nacional do Desenvolvimento Econômico (BNDE). Por último, em 1956, estabelecendo, na Presidência da República, o Conselho de Desenvolvimento.

O Programa de Metas não era um plano teórico, elaborado sem contato com a realidade e que se escoasse no tempo. Era um plano em marcha, um esforço incessante de coordenação das atividades de grande número de entidades, públicas e privadas, que executavam obras, edificavam empresas ou prestavam outros serviços à coletividdade. Por isso sofreu um processo permanente de aperfeiçoamento, tornando-se cada vez mais objetivo e realista.

* * *

No princípio do mês de novembro de 1955, a partir do episódio do discurso do coronel Mamede à beira do túmulo do general Canrobert Pereira da Costa, os acontecimentos políticos precipitaram-se. O presidente Café Filho é acometido de distúrbio cardiovascular, sendo substituído por Carlos Luz, presidente da Câmara Federal. Este, negando a Lott a permissão de punir o coronel Mamede por causa do discurso intempestivo, acaba por exonerá-lo do Ministério da Guerra. O general Lott, provocado pela reação do general Denys, rebela-se contra o presidente em exercício. Era a novembrada.

Carlos Luz, apoiado principalmente em elementos da UDN, como o brigadeiro Eduardo Gomes, o almirante Amorim do Vale, respectivamente ministros da Aeronáutica e da Marinha, além de outras figuras, como Prado Kelly, Marcondes Ferraz, Carlos Lacerda, refugia-se a bordo do navio de guerra *Tamandaré* e toma destino ao porto de Santos, contando com o apoio de Jânio Quadros, governador de São Paulo. Como o rumo dos acontecimentos não seguisse exatamente o que se planejara, Carlos Luz retorna ao Rio de Janeiro. Nesse ínterim, Nereu Ramos havia assumido o governo temporariamente. O senador catarinense envia um emissário a Carlos Luz – Otávio de Abreu – com o fim de negociar o desembarque. Carlos Luz decide renunciar à Presidência da Câmara dos Deputados, o que automaticamente o afasta da sucessão presidecncial. Apesar de ter desembarcado no dia 14 de novembro, somente no dia seguinte é que Carlos Luz comparece à Câmara dos Deputados para fazer o discurso em que expõe os últimos acontecimentos. Antes de assumir a tribuna, já entregara a Flores da Cunha a sua carta de renúncia. Nereu Ramos era, portanto, presidente da República de fato e de direito.

Mas os políticos não consideravam encerrado esse capítulo da história do Brasil. O movimento revolucionário que desencadeara os últimos acontecimentos não considerava sólida sua posição dentro do clima de inquietação em que se encontrava o país. A qualquer momento, a UDN, apoiada em elementos da Aeronáutica e da Marinha, poderia executar alguma ação que viesse a impedir a posse dos eleitos a 3 de outubro. Na tribuna parlamentar e em todas as formas de imprensa, havia uma clara pregação visando a derrubada do governo que se instalara.

Por isso, os três ministros militares do Governo Nereu Ramos, julgando iminente a possibilidade de subversão da ordem, enviam exposição ao Congresso pedindo a decretação do estado de sítio.

O presidente Nereu Ramos, apoiado no Artigo 206 da Constituição, envia mensagem ao Congresso no dia 22 de novembro.

Recebida a mensagem, é posta em votação a proposta apresentada, e, no dia 23, o Congresso Nacional decreta o estado de sítio, por 30 dias, a partir de 25 de novembro de 1955. Estando encerrados os trabalhos do Congresso Nacional, o estado de sítio foi prorrogado por mais 30 dias, por Nereu Ramos, como presidente da República em exercício.

Reaberto o Congresso, foi iniciada a discussão da prorrogação do estado de sítio. A 10 de janeiro, Nereu Ramos sancionou o decreto do Congresso Nacional, prorrogando o estado de sítio por 30 dias, a contar do dia 26 de dezembro de 1955.

No dia 21 de novembro, Café Filho, restabelecido, deixa a Clínica São Vicente, na Gávea, rumo ao seu apartamento em Copacabana. Pouco depois de chegar tem a surpresa de ver que todo o quarteirão está cercado por tropas militares.

No dia seguinte, o Congresso aprova o Projeto de Resolução nº 21/55, que declarava o impedimento do presidente Café Filho. Naquela mesma data, o ex-presidente impetra mandado de segurança ao Supremo Tribunal Federal. Este foi julgado na sessão de 14 de dezembro.

Decisão: "Conhecido o pedido contra os votos dos ministros Nélson Hungria e Mário Guimarães, decidiram sustar o julgamento até que seja suspenso o estado de sítio, pelos votos dos ministros Sampaio Costa, Afrânio Costa, Lafaiete de Andrada, Edgard Costa e Orozimbo Nonato; negaram a segurança o ministro relator e Nélson Hungria, e o ministro Ribeiro da Costa a concedeu."

No dia 21 de dezembro, o pedido de *habeas-corpus* vai a novo julgamento.

Na sessão de 11 de janeiro de 1956, é levada ao Tribunal uma petição de Café Filho solicitando o prosseguimento do julgamento do mandado de segurança. O tribunal indefere a continuação. A 2 de abril, quando não havia mais o estado de sítio, Café Filho reapresenta a petição; mas somente a 7 de novembro o tribunal toma conhecimento dela, julgando prejudicado o pedido.

No dia 31 de janeiro de 1956, Juscelino Kubitschek de Oliveira e João Goulart tomam posse como presidente e vice-presidente da República, respectivamente. Iniciavam sua arrancada para o *desenvolvimento* em que JK prometia fazer o Brasil progredir 50 anos em apenas cinco do seu governo. Era o Plano Nacional de Desenvolvimento, popularizado como o Programa de Metas, calculadas em 30, com acréscimo da meta-síntese – Brasília. A situação do país não era encorajadora e a inflação revelava um perigoso ritmo ascensional.

Politicamente, as mesmas correntes oposicionistas que pretendiam alcançar o poder através de golpes militares iriam promover a primeira tentativa de seqüestro de um presidente da República, a bordo de um navio de guerra, durante breve viagem a Santos. Avisado, JK enfrentou a situação embarcando. Sua coragem e o bom-senso da oficialidade preponderaram, e o seqüestro não se efetuou. Na Aeronáutica, um pequeno grupo de oficiais, à frente dos quais o major-aviador Aroldo Coimbra Veloso e o capitão-aviador José Chaves Lameirão, aproveitou um sábado de carnaval para "prosseguir na obra de redenção iniciada em agosto de 1954, não devendo permitir que Lott e seu dispositivo impedissem, por mais tempo, a ascensão dos legitimamente habilitados a ocupar o poder". Ao mesmo tempo em que iniciavam a manobra, Carlos Lacerda transmitiu a comunicação ao brigadeiro Eduardo Gomes (moravam no mesmo prédio, na Praia do Flamengo) e o governo iniciava a repressão. O levante foi dominado a 29 de fevereiro. JK declarou: "Vamos virar a página, passar uma esponja em todos os acontecimentos, porque o país deseja paz para trabalhar." Enviou ao Congresso um projeto de *anistia ampla e irrestrita* a todos os civis e militares que, direta ou indiretamente, se haviam envolvido nos movimentos – inclusive os que se recusaram a cumprir ordens de seus superiores – ocorridos no país de 10 de novembro de 1955 a 1º de março de 1956, ficando em perpétuo silêncio quaisquer processos criminais e disciplinares relativos aos mesmos fatos.

O grupo derrotado nas urnas impugnara o resultado do pleito e não queria aceitar Juscelino Kubitschek na Presidência. A rebelião de Veloso e Lameirão só não tivera a repercussão e as conseqüências esperadas. Outra tentativa fora frustrada no Recife, às vésperas da posse. Ainda na Aeronáutica, aconteceria outro levante, feito pelo mesmo grupo, que assim aproveitava a anistia. A 3 de dezembro de 1959, a aventura de Jacareacanga foi repetida no distante povoado de Aragarças, no interior de Goiás. A situação era em tudo semelhante à anterior: a fuga de aviões, a busca de um lugar de adesão de companheiros e, finalmente, o internamento no exterior, levando o avião seqüestrado. Dessa vez inovaram com o primeiro seqüestro de um avião, um Constellation da Panair do Brasil com 38 passageiros a bordo, além dos tripulantes e do corpo de uma senhora que falecera no Rio de Janeiro. Entre os passageiros havia seis jornalistas e o presidente do Banco da Amazônia, Renée Archer. Os rebeldes levaram o Constellation com sua estranha carga, mais os passageiros, para Buenos Aires. Diz Juscelino em suas memórias:

> Passado o episódio de Aragarças, a imprensa e opinião pública desejam saber como eu iria agir. Daria nova anistia ou puniria os responsáveis? Minha resposta foi taxativa: "Escapa à alçada do Executivo impedir que atos passíveis de penalidade sejam subtraídos à ação da Justiça."

O presidente Juscelino Kubitschek, em suas memórias, faz uma prestação de contas do seu governo.

> 1960 chegara ao fim. Reconstituindo, na imaginação, o caminho percorrido, chegava à conclusão de que não poderia estar senão satisfeito. O Programa de Metas havia sido executado sem que as finanças acusassem a menor depressão. O que houve – e isto é comum em qualquer administração – foram desajustamentos setoriais, de fácil correção, e desequilíbrios periódicos no balanço de pagamentos, decorrentes da instabilidade característica do mercado internacional.

A sucessão de JK apresentou uma característica curiosa. Tendo sido o único presidente, depois de 1930, a receber a faixa presidencial de um antecessor legalmente eleito e a transmiti-la a um sucessor igualmente eleito por sufrágio direto, ele desceu a rampa do Palácio do Planalto candidato à sucessão de seu sucessor, atravessando a Brasília que construiu, enfeitada de faixas anunciando a sua volta em 1966.

Era natural que procurasse influir na sucessão. Teve um entendimento com o presidente da UDN, Juraci Magalhães, e argumentou que o PTB fizera presidente Getúlio Vargas; o PSD, a ele, Juscelino; cabia à UDN fazer o futuro presidente, para o que indicava o nome de Juraci. Juraci acolheu a idéia, mas não podeia apresentá-la, sendo presidente do partido. Esperaria o final do seu mandato, legando a incumbência ao novo presidente da agremiação, Magalhães Pinto. Magalhães Pinto, porém, estava trabalhando por Carlos Lacerda, que apresentava o nome de Jânio Quadros.

Era claro o jogo de Carlos Lacerda. Não lhe convinha ser o novo presidente da UDN porque ele, Carlos, preparava-se para a Presidência vindoura. Assim, surge o apoio de Lacerda à candidatura de Jânio, que tomava vulto e empolgaria o país.

Juraci Magalhães tentou sustentar a sua candidatura na convenção da UDN, mas foi derrotado por Carlos Lacerda, e a UDN formou junto aos grupos que sustentaram Jânio Quadros nas urnas, tendo como candidatos à Vice-Presidência Milton Campos, pela UDN, e Fernando Ferrari, pelo PTB. A dualidade de candidatos à Vice-Presidência derrotou a ambos. O resultado da eleição deu a vitória a Jânio Quadros contra o marechal Henrique Duffles Teixeira Lott, enquanto o candidato deste à Vice-Presidência era eleito, derrotando os dois nomes que acompanhavam Jânio Quadros.

Foi assim que, no dia 31 de janeiro de 1961, realizou-se em Brasília a primeira cerimônia de posse de um novo presidente e transmissão do poder.

CAPÍTULO XIII

O FENÔMENO JÂNIO QUADROS

Foi Castilho Cabral, o presidente do Movimento Popular Pró-Jânio Quadros – MPJQ –, quem cunhou a mais expressiva denominação que resiste, até hoje, a todas as transformações políticas do país: fenômeno Jânio Quadros.

A Presidência da República, depois da experiência totalitária do Estado Novo, estivera nas mãos do candidato do PSD, marechal Eurico Gaspar Dutra. Passou para o presidente do PTB, Getúlio Vargas. Voltou ao indicado do PSD, Juscelino Kubitschek. Este, que preparava o retorno para 1965, imaginou entregar a faixa presidencial a um elemento da UDN, completando a alternância dos três grandes partidos. Mas esse critério não convinha, no momento, a Carlos Lacerda, ainda imaturo para presidente. Um presidente udenista – e o nome indicado seria o do presidente do partido, deputado Juraci Magalhães – inviabilizaria uma segunda Presidência de mesma origem partidária – no caso, Carlos Lacerda.

Daí a jogada espetacular de Lacerda, levando o partido a apoiar Jânio Quadros.

Jânio, primeiro indicado pelo PDC, depois acolhido pela UDN, era, afinal, um candidato acima dos partidos.

Juscelino Kubitschek não se contentava com o primeiro período presidencial de cinco anos, a terminar a 31 de janeiro de 1961. Aspirava, e disso não fazia segredo, a uma segunda Presidência. E, como a norma constitucional não permitisse a reeleição, a campanha se iniciara, no momento justo da transmissão do poder, com o *slogan* JK–65. Por isso, Juscelino resolveu intervir no processo sucessório muito antes do término do seu mandato. Seu jogo era inteligente. Dos três grandes partidos, dois já haviam sido contemplados com a Presidência da República. O PTB, com Getúlio Vargas; o PSD, primeiro com Eurico Gaspar Dutra e, depois, com ele próprio, Juscelino. A UDN perdera três eleições, com seu patrono – brigadeiro Eduardo Gomes – vencido por Dutra e Vargas, e com Juarez Távora derrotado por Juscelino. Daí a idéia de conciliar as três poderosas correntes em torno de um candidato udenista, capaz de assegurar, por sua tradição, a continuidade da democracia, acabando com a agitação que alimentava as conspirações dos políticos e motivava pronunciamentos dos militares.

O homem seria o governador da Bahia, presidente da UDN, revolucionário desde 1930 e defensor da democracia em 10 de novembro de 37. Devia ser um poeta, e não um político –Augusto Frederico Schmidt – quem levaria Juraci Magalhães para um encontro, em sua casa, com o presidente da República. No sigilo de uma reunião sem testemunhas, foi examinado o assunto e acordada a conveniência de uma solução que evitasse outra luta eleitoral.

Juraci Magalhães era o presidente da UDN, mas em fim de mandato. Tornava-se indispensável que o seu substituto prosseguisse na linha do seu entendimento. O substituto de Juraci foi o deputado José de Magalhães Pinto. Mas, quando pareciam aplainadas as dificuldades dentro do PSD e na área do PTB, um político udenista, Carlos Lacerda, cindiu de alto a baixo a agremiação.

Foi o Partido Trabalhista Nacional quem primeiro registrou a candidatura de Jânio Quadros no Superior Tribunal Eleitoral. Com isso lhe foi assegurada a colocação inicial na lista dos candidatos. O Partido Libertador teve idêntico procedimento. O PDC declara seu apoio a Jânio, ao mesmo tempo em que oficializa a candidatura do ex-líder do PTB, deputado Fernando Ferrari, à Vice-Presidência da República.

A 8 de novembro, realizou-se a convenção nacional da UDN. Defrontaram-se Juraci Magalhães, defendendo a própria candidatura, e Carlos Lacerda, impugnado por Jânio Quadros. Contestando a vassoura, símbolo da campanha de Jânio Quadros, os partidários de Juraci colocaram nas paredes das salas seus cartazes: "A UDN não precisa de vassoura. Juraci é limpo."

Jânio desembarcou no Aeroporto Santos Dumont, vindo de São Paulo, às 18h15min, seguindo diretamente para o Palácio Tiradentes. Ao entrar, recebeu a notícia de que seu nome havia sido escolhido por 205 votos contra 83 dados a Juraci Magalhães. Leandro Maciel, ex-governador de Sergipe, recebeu 254 votos como candidato à Vice-Presidência. Ferrari, também candidato, foi derrotado por um voto apenas. No decorer da campanha, Maciel desisitiria, sendo substituído por Milton Campos. Ferrari manteria sua candidatura, e a divisão de votos entre os dois companheiros de Jânio ensejaria a vitória de João Goulart, que figurava na chapa em que Lott foi derrotado para a Presidência.

Jânio entrou no plenário do Palácio Tiradentes sob aplausos, fazendo um dos discursos mais felizes da sua vida. Finalizou-o com o *creio e não creio*, parafraseando Rui Barbosa: "Creio na força incoercível do povo."

Relacionamento com Cuba

O Brasil mantinha relações diplomáticas com Cuba. Era nosso representante em Havana um dos mais ilustres diplomatas, o embaixador Vasco Leitão da Cunha, que seria o chanceler do primeiro governo revolucionário, depois de 64. Fidel Castro convidara os dois candidatos à Presidência da República, o general Henrique Lott e o deputado Jânio Quadros, para visitarem aquela nação. Só Jânio Quadros aceitou.

Quando se positivava o choque entre Estados Unidos e Cuba e a CIA planejava a expedição da baía dos Porcos, Kennedy enviou Adolf Berle para comunicar ao presidente do Brasil sua intenção de solicitar a colaboração de uma força expedicionária brasileira. Jânio recusou.

Não foi apenas a recusa em enviar uma tropa brasileira para invadir a ilha que formou o "caso de Cuba". A Reunião Extraordinária do Conselho Interamericano, Econômico e Social de Punta del Este teve a participação do Brasil contrária à intromissão norte-americana na política interna de outros países. A 18 de agosto, Che Guevara chega a Brasília. Vinha agradecer a nossa posição no incidente da baía dos Porcos. Havia, porém, outra questão. O núncio apostólico, monsenhor Lombardi, conseguira que Jânio intercedesse junto a Fidel Castro em favor de uma vintena de sacerdotes espanhóis presos, que seriam fuzilados. Graças à intervenção de Jânio, eles foram deportados para a Espanha. Essa é a justificativa que Jânio apresenta para ter condecorado Che Guevara com a Ordem Nacional do Cruzeiro do Sul, de que o grão-mestre é o presidente da República e cujo agraciamento independe da anuência do Congresso ou dos ministros militares, ou mesmo do ministro das Relações Exteriores. Mas a crise fora desencadeada.

Na mensagem de 15 de março, a única que apresentou ao Congresso, Jânio dá ênfase à crise econômico-financeira, criticando asperamente a política seguida por seu antecessor:

> Recebi o governo do país em aparente normalidade política. Um balanço das reais e subjacentes condições do momento nacional mostra, entretanto, que a estabilidade político-social se acha seriamente ameaçada pela difícil situação econômico-financeira; pelas tensões resultantes da inflação, que vem acompanhando um processo de desenvolvimento parcial e desequilibrado e alimentada por injustas desigualdades na distribuição da renda nacional; pelo desajuste do aparelho institucional às novas exigências de um Brasil em rápida evolução e pela inadequação dos padrões de comportamento no exercício de funções públicas e na gestão dos dinheiros do povo.

A vassoura começa a funcionar. A reforma administrativa, disciplinando o horário dos servidores do serviço civil, do Poder Executivo e das autarquias e a proibição das rinhas de brigas de galo descontentam a uns, embora sejam bem recebidas pelo povo. Seguem-se exonerações e dispensas de funcionários considerados excedentes. Só o presidente da República pode nomear. É vedada a dispensa de ponto ao funcionalismo, proibido o funcionamento dos Jóqueis Clubes em dias úteis, proibida a propaganda comercial nos cinemas. A par da disciplinação de assuntos menores, as diretrizes da nova política econômica, a Instrução nº 204, avoluma a reação parlamentar.

Utilizando o jornalista João Dantas, diretor do *Diário de Notícias*, Jânio desenvolve uma política externa de largo alcance, já instalada pelo chanceler Afonso Arinos. O Brasil não pode ignorar a realidade e a vitalidade dos países socialistas. Por isso, são tomadas providências para o estabelecimento das relações diplomáticas com a Hungria e a Bulgária e prosseguidos os estudos para normalizar nossa relação com todos os países. O mundo afro-asiático, uma África próspera, estável, é considerado condição essencial para a segurança e o desenvolvimnento do Brasil. O Brasil mantém-se fiel ao sistema interamericano. Definindo a política internacional adotada por Jânio Quadros, o ministro Afonso Arinos afirmou, ao assumir a Pasta das Relações Exteriores:

> É pensamento do presidente Jânio Quadros que o seu governo entre em relações comerciais e diplomáticas com todos os Estados do mundo que manifestem intercâmbio pacífico, com o respeito da nossa organização jurídica e social. O espírito dessa orientação é o de cooperar para a paz e, portanto, não pode e nem deve ser interpretada como dirigida contra ninguém. Estamos certos de contribuir, com essa conduta, para a causa da paz e da democracia.

No dia 19 de maio, o editorial de *O Estado de São Paulo* intitulava-se: "Guinada para a esquerda".

A renúncia

A crise começa no dia 18 de agosto, com uma viagem a Brasília do governador do Estado da Guanabara. O assunto era delicado e prestou-se às mais variadas versões. Daí resulta que, no dia 24, Carlos Lacerda acusou o ministro Pedroso Horta de convidá-lo, em nome do presidente da República, a apoiar as reformas das estruturas institucionais do país, de maneira a reforçar o poder do chefe do governo. Era o que o tribuno chamava "golpe de gabinete".

José Aparecido de Oliveira nos dá testemunho valioso:

> O presidente tomou conhecimento da denúncia de Carlos Lacerda às cinco e pouco da manhã do dia 25 de agosto, lendo o *Correio Brasiliense*. Não se interessava em ouvir o denunciante pelo rádio, nem seus auxiliares julgaram conveniente informá-lo no correr da noite. O presidente vinha sendo posto a par, minuciosamente, da trama desenvolvida pelo governador da Guanabara desde o momento em que, uma semana antes, procurara-o em lágrimas, como um náufrago. Sabia da sua conversa com o governador Carvalho Pinto e com o Sr.

> Júlio Mesquita, conhecia sua movimentação em São Paulo e no Rio de Janeiro. Estava ciente dos seus propósitos.
>
> Ao ler a notícia da denúncia, o presidente mandou telegrafar para os chefes das Casas Civil e Militar – Francisco de Paula e Pedro Geraldo de Almeida. Manifestou logo sua decisão de renunciar. Antes de deixar o Alvorada, determinou ao seu mordomo que não se afastasse dali. Iria precisar dele. Chamasse o major Amarante, ajudante-de-ordens. Seguiu para o Planalto, onde já encontrou o general Pedro Geraldo. O general havia confirmado as informações transmitidas na véspera pelo deputado Tenório Cavalcanti, inclusive a que se relacionava com a devolução coletiva de condecorações por parte de oficiais superiores das Forças Armadas, em represália à condecoração de Che Guevara. Coordenava-se, também, a divulgação de manifesto de civis e militares de repúdio à política externa do governo.
>
> Ao chefe da Casa Militar, o presidente reiterou o que havia dito a Quintanilha: iria renunciar, não ficaria um só momento no governo com a autoridade ameaçada. Quintanilha também ouviu o resto: instaurava-se um processo de demolição da autoridade presidencial e da sua política. O governo transgredia, compor-se-ia com os grupos de pressão ou cairia. Ele não estava disposto a transigir nem se deixaria depor. Soube que a Câmara fora convocada pela madrugada e se instalaria, à tarde, em grande comissão, para ouvir, como réu, antes mesmo de conhecer o teor do libelo, o ministro da Justiça. Com ele na presidência, isso não ocorreria: "*A conspiração está em marcha. Mas vergar eu não vergo.*"

É grande a repercussão do ato do presidente Jânio Quadros. O Congresso, surpreendido por uma convocação extraordinária do senador Auro de Moura Andrade, em dez minutos aceitou a renúncia e, provisoriamente, o presidente da Câmara dos Deputados, Pascoal Ranieri Mazzilli, assume na ausência do vice-presidente João Goulart.

Jânio retirou-se para São Paulo, pousando seu avião na Base Aérea de Cumbica. Resistiu aos apelos, inclusive dos governadores de São Paulo, Carvalho Pinto, e de Minas, Magalhães Pinto, para recuar de sua atitude. Embarcou em Santos, em meio a manifestações populares. A renúncia permaneceu um enigma que até hoje se tenta decifrar. O certo é que Jânio recusou um oferecimento do poder militar para cercar o Congresso e permanecer com poderes absolutos.

CAPÍTULO XIV

JOÃO GOULART

O moço estancieiro de São Borja não pretendia fazer política. Foi o retiro de Getúlio Vargas na estância de Santos Reis que estreitou a amizade entre as suas famílias. Quando Vargas voltou ao Catete, "nos braços do povo", trazia a lembrança do moço com quem conversava sobre a questão social, na intimidade do galpão, enquanto circulava a cuia do *amargo*. Quando o primeiro ministro do Trabalho daquele *ministério de experiência* se exonerou, Getúlio chamou João Goulart para desenvolver um populismo nacionalista que assustou os círculos conservadores e seria explorado, nas áreas antigetulistas e nos meios militares, como ameaça de subversão da ordem. Jango tentou cumprir as promessas feitas aos trabalhadores. Foi o pretexto para que um grupo de militares – os mesmos que vinham, em nome do poder militar, perseguindo a posse do poder – tomasse a iniciativa do documento que ficou conhecido como o "manifesto dos coronéis", pressionando Vargas a demitir o seu ministro. Depois, pouco se falou de Goulart. Ele reaparece na véspera do suicídio de Vargas, que o convoca e lhe entrega um envelope lacrado contendo a "carta-testamento". E, quando Juscelino Kubitschek quis fortalecer sua candidatura, restabelecendo a aliança PSD–PTB, o moço de São Borja completou a chapa na Vice-Presidência.

Foi um vice discreto e não criou problemas ao presidente. Convidado a ir à União Soviética, foi e voltou sem que os militares reclamassem. Na ocasião, não aceitou um convite para visitar a China, adiando a viagem para outra oportunidade. No primeiro aniversário da novembrada, a 11 de novembro de 1956, houve uma homenagem ao general Lott. Os líderes trabalhistas ofereceram-lhe uma espada com punho e bainha de ouro e lâmina de aço de Toledo, com a inscrição, no punho: "Civis e militares oferecem ao general Lott" e, na lâmina: "A espada de novembro". Coube a Goulart fazer a oferta.

A eleição de Jânio deu-se dois anos mais tarde. A dobradinha Jan–Jan permitiu-lhe arrebatar a massa eleitoral de seu antagonista. Configurava-se o caráter agudo da crise; os partidos políticos, anulados eleitoralmente, continuavam dominando os postos-chaves do Congresso; o presidente, vencedor por esmagadora maioria, era prisioneiro desses mesmos partidos que controlavam o Congresso. E tinha como vice-presidente o chefe da oposição.

A substituição do presidente renunciante cabia ao vice-presidente. Ia repetir-se o que acontecera na sucessão de Deodoro, quando o vice-presidente da chapa antagonista, Floriano, assumiu.

A 25 de agosto de 1961, João Belquior Marques Goulart achava-se na China. Essa circunstância, a impossibilidade material de empossar imediatamente quem se encontrava nos antípodas, ensejou uma cadeia de acontecimentos, desde o veto dos ministros militares, passando pela tentativa de *impeachment* pelo Congresso, até a adoção da emenda parlamentarista.

A batalha da posse

De Brasília, os líderes políticos procuraram localizar Jango. Havia os que, como San Tiago Dantas, aconselhavam a renúncia; os mais prudentes, como Ernâni do Amaral Peixoto, recomendavam aguardar o desenrolar dos acontecimentos. A batalha pela posse tramava-se entre os golpistas e os que defendiam o cumprimento da Constituição. As notícias do Sul adiantavam que o governador Leonel Brizola assegurava-lhe o apoio do povo e do governo, instalando barricadas e promovendo a Legalidade, com a ocupação de estações de rádio. A reação popular contagiara o comandante do III Exército, general Machado Lopes, que respondera ao ministro da Guerra, general Odílio Denys, dizendo-lhe que só obedeceria às ordens do presidente João Goulart. Jango deslocava-se lentamente. Partiu de Singapura, via Suíça, para Paris, onde pemaneceu por três dias. De lá, preferiu a rota do Pacífico, dirigindo-se para Nova York. À reportagem declarou: "Mas não se trata de mim. É a Constituição do meu país que determina a minha posse."

Prosseguiu pela Argentina, onde o Governo de Frondizi armara um dispositivo militar no Aeroporto de Ezeiza, local em que permaneceu durante três horas, praticamente prisioneiro. Nenhuma representação oficial. A chancelaria argentina distribuiu nota proibindo o contato com jornalistas. Frondizi evitava complicações para o seu governo, sofrendo pressões dos grupos militares. Logo que pôde, Goulart decolou para Montevidéu, onde foi recebido pelo embaixador brasileiro Válder Sarmanho, no Aeroporto de Carrasco. Havia 80 repórteres e fotógrafos brasileiros, trazidos por dois aviões DC-46, que o governador Brizola colocara à sua disposição.

No Brasil, prevalecia o acordo com a apresentação da emenda parlamentarista. Os ministros militares haviam recuado do veto à posse de Jango. Grupos reacionários articulavam a "operação mosquito", que consistia na derrubada do avião presidencial quando Jango se aproximasse de Brasília.

O presidente em exercício, presidente da Câmara dos Deputados, Pascoal Ranieri Mazzilli, entregara o encargo para negociações ao deputado Tancredo Neves, com quem se entendia o general Ernesto Geisel, chefe da Casa Militar. Começavam os acertos e as exigências. A principal delas era a aprovação de uma emenda parlamentarista. As outras condições eram de menor importância. Recomendavam que Jango se abstivesse de dar declarações, de ir a Porto Alegre, de viajar com Brizola para Brasília. Na verdade, Jango deu entrevistas em Montevidéu e Porto Alegre, embora mantivesse um tom elevado e não fizesse críticas aos militares. A permanência em Montevidéu foi curta. A partida, cercada de sigilo. No dia 1º de setembro, desembarcava em Porto Alegre, onde o aguardava uma das mais impressionantes manifestações populares já realizadas naquela capital. Demorou-se até o dia 5. Apesar das recomendações dos ministros militares, reuniu, no Palácio Piratini, homens de imprensa, rádio e televisão, inclusive enviados de órgãos estrangeiros. Declarou que sua missão era de paz, e só em Brasília iria examinar, em toda extensão, a emenda parlamentarista. Foi com o espírito repleto de interrogações que embarcou para a capital.

As reformas de base

Jango emergia de uma crise de que era conseqüência e seria vítima. O confuso e tumultuado quadro político exponenciava as causas econômicas e sociais profundas e nele vinham à superfície. Jânio apresentou-se e foi eleito porque prometeu varrer tudo e realizar as reformas que o povo reclamava. Jango herdou um problema candente e difícil pela complexidade dos interesses políticos e econômicos em jogo. De imediato, sobressaíram questões como: as relações com os Estados Unidos; a renegociação da dívida externa; a lei da remessa de lucros e dividendos; o acordo para os investimentos americanos; o problema das concessionárias de serviço público no Brasil; as relações com os países socialistas; a questão de Cuba; a reforma agrária e a reforma urbana.

Os problemas políticos continuavam não-resolvidos.

A solução parlamentarista fora, na verdade, uma solução de compromisso que permitiu a posse do presidente legítimo, como previa a Constituição, sem desagradar totalmente os ministros que o vetavam. Nesse aspecto, a Emenda Parlamentarista, votada pelo Congresso, foi a fórmula salvadora encontrada às pressas para evitar a guerra civil, cuja possibilidade assustava a tantos, na medida em que um setor do Exército e amplos setores populares e civis se dispunham a defender a posse do presidente e a legalidade ameaçada.

Chefe do primeiro gabinete parlamentar, Tancredo Neves encontrou o país numa "situação já bastante difícil, com uma reforma cambial praticamente iniciada, cuja complementação, segundo a sistemática do tratamento de choque da economia, impunha medidas ainda mais drásticas, que Jânio Quadros não teve coragem nem condições para tomar".

Goulart era o primeiro presidente da República que não tinha a prerrogativa de organizar seu ministério. Recebera duas heranças difíceis; o espólio administrativo de JK e seu agravamento por Jânio Quadros. Encarregou o economista Celso Furtado de organizar o planejamento, do que resultou o Plano Trienal, pois era esse o tempo de seu governo. Era a preferência pelo plano técnico em lugar do plano político.

O Plano Trienal deveria lograr três objetivos fundamentais: 1º) oferecer aos investidores e credores internacionais segurança sobre as políticas interna e externa a serem cumpridas; 2º) assegurar aos setores políticos nacionais contrários aos esquemas estatizantes esquerdistas e socializantes o compromisso de um governo moderado; 3º) solucionar também problemas críticos da economia brasileira, sintetizados no dilema antigo e sempre atual que é desenvolvimento com estabilidade, vislumbrando a possibilidade de conciliarmos a luta contra a inflação com o desenvolvimento econômico.

O plano imaginava poder realizar esses objetivos através de reformas estruturais.

O Plano Trienal sofreu seu primeiro e decisivo impacto quando sua institucionalização não se fez como fora prevista e sim atribuindo a San Tiago Dantas, ministro da Fazenda, que não aceitava a sua execução.

O plebiscito previsto na Emenda Parlamentarista foi antecipado, sepultando, como observa Moniz Bandeira: "o efêmero esforço de união nacional descerrou o duelo entre Goulart e o Congresso que o PSD e a UDN comandavam, pela posse do poder político". O Gabinete Tancredo Neves não tinha mais condições de sobrevivência. As dificuldades para a formação do novo gabinete ressaltaram a inviabilidade do conchavo. O Congresso rejeitou o nome de San Tiago Dantas. O senador Auro de Moura Andrade, que pretendeu constituir um gabinete, não o conseguiu. O Congresso aceitou o nome de Brochado da Rocha. Era o caminho aberto para a antecipação do plebiscito. Um incidente entre o ministro da Guerra e o general Dantas Ribeiro forçou a saída do ministro e a renúncia do Gabinete Brochado da Rocha. Assumiu o cargo o professor Hermes de Lima, que declarou: "Se o Congresso não concordar com o plebiscito a situação se tornará crítica." O plebiscito restaurou o presidencialismo.

"As forças ocultas"

Dentre as reformas propostas por Jango, havia dois pontos nevrálgicos: a remessa de lucros e a reforma agrária. Foi grande a resistência do capital estrangeiro e do latifúndio que se mobilizaram contra Jango.

São Paulo tornou-se um dos principais focos de conspiração, pois ali se concentrava a maior parte do empresariado. Sob a sigla IBAD, a CIA, utilizando como seu agente um certo Ivan Hasslocher, passou a intervir diretamente no processo político. Em 1962, foi criada a Ação Democrática Popular. O IBAD interveio abertamente na campanha eleitoral, subvencionando candidaturas de elementos reacionários, que assumiam o compromisso ideológico de defender o capital estrangeiro e condenar a reforma agrária, bem como a política externa independente do governo brasileiro. Teria gasto com a campanha cerca de Cr$ 5 bilhões, pelo menos, ou, segundo o ex-agente norte-americano Philip Agee, uma quantia equivalente a US$ 12 bilhões, talvez atingindo a US$ 20 bilhões – "uma das maiores operações de ação política da Divisa DW, na qual a estação do Rio de Janeiro e suas diversas bases, espalhadas pelos consulados norte-americanos, muito se empenharam". De qualquer forma, não resta dúvida de que muito dinheiro norte-americano correu na campanha eleitoral de 1962, em grande parte oriundo do próprio governo dos Estados Unidos, e não apenas de suas empresas, conforme Lincoln Gordon confessaria, admitindo um gasto de muitos milhões de dólares, sem englobar as remessas diretas da CIA, mas tão-somente os recursos do Fundo do Trigo aplicados pela embaixada.

Nos primeiros dias da década de 50, o industrial Paulo Aires já representava uma corrente, em São Paulo, que temia pela inflação de comunistas e associações estudantis, sindicatos operários, sociedades profissionais, patronais e associações comerciais. Seu trabalho recebeu forte ajuda quando Gilberto Huber Júnior, explorador das Listas Telefônicas Brasileiras, estabeleceu contato com ele e depois com outro homem de negócios de São Paulo, João Batista Figueiredo, fundando o IPES – Instituto de Pesquisa e Estudos Sociais, que teve como secretário o general Golberi do Couto e Silva. Um dos grupos que se formaram como produtos da pregação do IPES foi o GAP, que atuava no Rio, Minas Gerais e São Paulo e era composto de jovens estudantes de 17 a 26 anos, em sua maioria das classes alta e média alta, tendo como programa combater as reformas propostas por Goulart e a legalização do Partido Comunista.

Os militares que atuaram em todo o trabalho conspiratório resultante no movimento de 64 consideraram-no como a *última etapa do processo que vinha se desenvolvendo há quase 50 anos.*

A derrubada de Jango

A conspiração que unia governadores e líderes políticos a chefes militares tinha como objetivo declarado combater o que chamavam comunização e a ameaça fantástica de uma *República sindicalista* que Jango nunca pensou em instalar.

A fim de quebrar a disciplina e motivar a oficialidade, foram armados três incidentes militares: uma revolta de sargentos, em Brasília, sob o pretexto de protestar contra a cassação de mandato de um graduado ilegalmente eleito para um cargo parlamentar; uma revolta dos marinheiros, que haviam criado uma associação e eram insuflados por um agente da CIA, o cabo Anselmo; uma manifestação de sargentos a favor de Jango, no Automóvel Clube, que a hierarquia militar considerou atentado à disciplina. Foi assim que o general Olímpio Mourão Filho, comandante da 4ª RM e da 4ª DI, sediada em Juiz de Fora, resolveu desfechar o movimento, antecipando-se à hora previamente marcada.

Magalhães Pinto, governador de Minas Gerais, chefe civil da Revolução, havia preparado a Força Pública Mineira para invadir o Espírito Santo e secundar a ofensiva sobre o Rio de Janeiro. O presidente João Goulart recebeu a primeira notícia através de um telegrama do ex-presidente Juscelino Kubitschek, avisado por José Maria Alkmin, de Belo Horizonte. O propalado dispositivo militar do chefe da Casa Militar, general Argemiro de Assis Brasil, não funcionou. Também o Serviço Secreto do Exército não fornecia relatórios circunstanciados das agitações dos conspiradores. O ministro da Guerra, general Jair Dantas de Oliveira, internado no HSE, entregara a pasta, interinamente, ao general Âncora, que nada fez. O gabinete do chefe do Estado-Maior, general Humberto Castelo Branco, no Ministério da Guerra, era o centro da agitação. O general Ladário Pereira Teles propôs a Jango prender o general Castelo Branco. Mas este já se havia retirado do Palácio da Guerra.

Desamparado, Jango declarou: "Vamos sair daqui. Vou pra Brasília. Isto aqui está se transformando numa armadilha."

O general Luís Tavares da Cunha Melo foi convocado ao Ministério da Guerra e recebeu a incumbência de comandar uma força destinada a barrar a progressão da coluna revolucionária em direção ao Rio de Janeiro. Dela constava a composição com a 1ª, 2ª e 3ª RM, uma formação blindada, artilharia e engenharia. Deslocou-se para o local da operação e teve a desagradável surpresa de saber que os blindados tinham sido retirados do seu comando e enviados para uma possível ação no caso de uma descida do II Exército, onde o general Eurialo de Jesus Zerbini esperou, debalde, a sua chegada. O primeiro RI, Regimento Sampaio, constituiria a vanguarda da tropa legalista. Seu comandante, coronel Raimundo Ferreira de Sousa, atendendo a um apelo telefônico de seu antigo chefe, marechal Odílio Denys, solidarizou-se com o movimento revolucionário, aderindo com toda a tropa.

O II Exército, sob o comando do general Amauri Kruel, depois de vários entendimentos, confluiu para o Rio, selando-se o acordo de seu comandante com o general Âncora, da Escola Militar de Resende.

Em Brasília, tudo era surpresa. O presidente do Congresso, senador Auro de Moura Andrade, chamou a seu gabinete o general Nicolau Fico, comandante da Guarnição de Brasília. Exigiu dele providências em defesa do Congresso. O chefe da Casa Militar, professor Darci Ribeiro, e o procurador-geral da República, Valdir Pires, procuraram agir junto ao Congresso. Jango chegou a Brasília no avião presidencial e se deslocou de helicóptero para o Palácio do Planalto. Estava cansado. Dizia que a revolução não era contra ele, mas contra as reformas. Se renunciasse a elas, continuaria. Se quisesse restringir as prerrogativas dos trabalhadores, ficaria. A lei que regulamentou a remessa de lucros para o exterior estava na base do movimento. Com a presença de Almino Afonso e Doutel de Andrade, João Goulart pediu que os três – Tancredo, Almino e Doutel – preparassem uma declaração ao povo, dizendo que ele lutaria enquanto lhe restassem forças. Que denunciassem o caráter subversivo do movimento. A CIA estaria inspirando tudo.

Na Granja do Torto, discutiram-se duas hipóteses: o abandono de Brasília e a constituição de um núcleo de resistência no Rio Grande do Sul; a permanência em Brasília, preservando-se o caráter de legalidade do governo. É liberada a saída para Porto Alegre. O presidente foi para o aeroporto, enquanto Darci Ribeiro e Valdir Pires iam à TV comunicar à Nação que não haveria nem suicídio nem renúncia, mas a defesa do poder legal.

O Congresso, todo iluminado, denunciava uma convocação extraordinária. Tropas do Exército tomaram posição ao longo dos ministérios, ao redor do Congresso, do Palácio do Planalto. O deputado Tancredo Neves indagou do líder da maioria se tinha sido convocado para uma reunião que estava havendo do senador Auro de Moura Andrade com a cúpula do PSD e da UDN. Não o fora. Soube que se declararia *Jango em lugar incerto e fora do país*. Pediu a Darci Ribeiro que dirigisse um ofício ao presidente do Congresso, comunicando, por ordem do presidente da República, sua ida para o Rio Grande do Sul. Aproximava-se a meia-noite. Não havia mais datilógrafos no Palácio. Valdir Pires redigiu, diretamente, a máquina, o ofício para ser assinado por Darci Ribeiro.

A sessão do Congresso instalara-se em ambiente pesado. Foi preparado um dispositivo de segurança e se recrutaram os deputados mais corpulentos: Preto Velho, do Rio Grande do Sul, Osvaldo Zanello, do Espírito Santo, e mais três ou quatro que se prepararam para dar segurança a Ranieri Mazzilli. Auro comunica "ao Congresso Nacional que o Sr. João Goulart deixou, por força de notórios acontecimentos de que a Nação é conhecedora, o governo da República". Aplausos, protestos, tumultos. Sobre a mesa, o ofício de Darci Ribeiro. Auro insiste: "Declaro vaga a Presidência da República e, nos termos do Artigo 79, da Constituição Federal, investido no cargo o presidente da Câmara dos Deputados, Ranieri Mazzilli. Está encerrada a sessão."

CAPÍTULO XV

O PODER MILITAR

A análise da tomada do poder pelos militares deve considerar dois marcos: 27 de setembro de 1937 e 1º de abril de 1964. No primeiro, os chefes militares resolvem intervir *fora da lei,* se necessário, para assumirem eles e só eles o controle da situação. É a primeira vez que isso acontece. Em todas as outras, inclusive na Proclamação da República, os militares aliaram-se aos civis, executaram a ação respaldados por uma corrente de opinião pública, um movimento político, o consenso maior ou menor. Na reunião do Ministério da Guerra, os generais deliberam intervir, sem os civis, assumindo a inteira responsabilidade e, também, a exclusiva execução e o controle total.

Sob a ameaça de um golpe em potencial, armara-se um contragolpe em que se reuniram as Forças Armadas, no combate ao comunismo e, principalmente, à quebra da disciplina militar; as correntes políticas em oposição a Jango Goulart e suas diretrizes; o empresariado e as classes conservadoras, receosos de que o processo de socialização acelerado levasse ao comunismo.

O movimento de 64 marca o fim do papel tradicional dos militares na política e o aparecimento de novos padrões. Até então, os militares atuavam como poder moderador. Derrubavam um presidente, mas não ocupavam o poder. Esse conceito tradicional de seu papel na política brasileira resultava de uma confiança relativamente alta na habilidade dos civis para governar e, paralelamente, na pouca confiança em sua própria aptidão política. Essa tradição teria terminado em 64. Na medida em que a sociedade muda, muda o papel dos militares: na sociedade oligárquica (tradicional ou agrária), o soldado é um radical; na sociedade de classe média (na política), é um árbitro; mas, quando a sociedade marcha e desponta no horizonte, ele se torna o conservador guardião do *status quo;* quando os grupos urbanos de classe média se tornam os elementos dominantes na política, os militares assumem uma função de árbitro e de estabilizador (poder moderador); em sociedades providas de instituições políticas eficazes, os militares envolvem-se em um esforço conservador para proteger o sistema existente contra as incursões das classes baixas, particularmente das classes baixas urbanas. Nesse sentido, seu papel histórico consiste em abrir a porta para a classe média e fechá-la para a classe baixa. A implicação básica é a seguinte: se os militares acreditam na habilidade do segmento civil da elite do poder, na sua capacidade de manter o *status quo* e de neutralizar os grupos urbanos da classe baixa (proletariado e *lumpenproletariat*), as Forças Armadas não intervêm no processo político. Se os civis falam como mantenedores da ordem social existente e põem em jogo a segurança dos grupos de classe média, a intervenção militar ocorre mais cedo ou mais tarde, dependendo de condições mais ou menos favoráveis ao golpe. Para Alfred Stepan, "o golpe é obviamente precipitado quando a sobrevivência das instituições militares é posta em dúvida". Conquistado o poder, por que e por quanto tempo permaneceram os militares?

O general Humberto de Alencar Castelo Branco, filho de militar e criado nas escolas e quartéis do Exército, pretendia encerrar a carreira na compulsória, cheio de recordações, a que não faltava, inclusive, a participação na Segunda Guerra Mundial.

Oficial legalista, mantivera-se alheio a todas as infecções políticas das Forças Armadas. Vivera na França e trazia o modelo de *la grande muette*. Oficial destacado do Estado-Maior, pregava em suas aulas e conferências a permanência dos militares nos quartéis porque, se *tomassem o governo pela força, permaneceriam e dele à força sairiam.*

A crise institucional, que alvoroçou e desorientou os políticos, pareceu aos militares que só comportava uma solução: o golpe e a tomada do poder. Assediado pelas várias correntes em busca de um núcleo centralizador, Castelo tornou-se o chefe da corrente mais intelectualizada da conspiração, a "Sorbonne".

O movimento de 64, como todo movimento vitorioso, acabou tendo mais chefes do que participantes. O marechal Odílio Denys, a mais alta patente nele envolvida, cronologicamente é o número um. Pois conspirou desde o momento da posse de Jango. O general Olímpio Mourão Filho é o chefe militar que, dispondo da tropa, inicia a ação revolucionária. O general Osvaldo Cordeiro de Farias é o veterano de todas as conspirações que articula as várias ligações nas diferentes guarnições militares. O general Artur da Costa e Silva coloca-se, estrategicamente, no quartel-general, assumindo a chefia do movimento vitorioso. Mas será Humberto Castelo Branco quem assumirá a primeira Presidência, por consenso geral.

O expurgo

O Ato Institucional de abril de 1964, que mais tarde seria conhecido como o AI-1, em virtude da edição de outros, propiciou o expurgo na área política e administrativa (civil e militar). Os atingidos eram considerados comprometidos com a situação deposta, o Governo João Goulart, sendo divididos entre "corruptos" e "subversivos". Políticos, técnicos, militares, funcionários públicos, jornalistas, intelectuais, líderes sindicais sofreram sanções as mais diversas: cassação de mandatos, suspensão de direitos políticos, demissão, aposentadoria compulsória, transferência para a reserva, prisão, indiciamento em IPMs etc.

As primeiras listas de punidos saíram a 10, 11 e 14 de abril. Nelas estavam os ex-presidentes João Goulart e Jânio Quadros; parlamentares como Sérgio Magalhães, Leonel Brizola, Clóvis Ferro Costa, Fernando Santana, Max da Costa Santos, Adahil Barreto, Neiva Moreira, Rubens Paiva, Paulo de Tarso (todos líderes da Frente Parlamentar Nacionalista); parlamentares e ex-ministros como Amauri Silva, Almino Afonso e Abelardo Jurema; parlamentares esquerdistas como Francisco Julião, Henrique Cordeiro Oest, Marco Antônio Coelho e outros; o ex-vice-governador da Guanabara, Elói Dutra; o ex-diretor do Instituto Superior de Estudos Brasileiros, Rolando Corbisier.

Foram também punidos colaboradores de Goulart, como Darci Ribeiro, Raul Riff, Valdir Pires, o economista Celso Furtado, o governador Miguel Arraes, quase toda a direção do Comando Geral dos Trabalhadores, inclusive Dante Pelacani e Roberto Morena; os escritores Alberto Guerreiro Ramos, Franklin de Oliveira e Edmar Morel; o editor Ênio Silveira e muitos outros menos renomados.

Cento e vinte e dois oficiais das três Armas foram transferidos para a reserva, sendo que alguns ainda tiveram suspensos os seus direitos políticos.

Nos Estados, houve também ação punitiva da Revolução. Sob pressão federal, a Assembléia Legislativa do Estado do Rio de Janeiro cassou os mandatos do governador Badger da Silveira e de seu vice-governador, e posteriormente elegeu o general Paulo Torres para substituí-lo. No Pará, o governador Aurélio do Carmo, seu substituto e o prefeito de Belém foram afastados; assumiu o governo o coronel Jarbas Passarinho, que escolheu o major Alacid Nunes para prefeito de Belém. No último dia de prazo para punições baseadas no AI-1, foi cassado o mandato do senador Juscelino Kubitschek, que ainda teve suspensos por dez anos os seus direitos políticos.

Essas punições, em virtude das divergências posteriores entre os vitoriosos, mostraram-se insuficientes. A partir de outubro de 1965, com o AI-2, elas se renovaram e se ampliaram, atingindo muitos dos que aplaudiram a primeira leva de punições em abril/junho de 1964, tanto civis quanto militares. O caso de Goiás foi típico: Mauro Borges Teixeira, do PSD, oficial da reserva do Exército, era um dos governadores que tinham participado da reunião de lançamento da candidatura presidencial de Castelo Branco. Os udenistas goianos, identificados com o Governo Federal, viram uma oportunidade de se fortalecerem no Estado. Mauro Borges foi pressionado pelo Governo Federal a formar um governo de coalizão. Sua crítica à cassação do mandato de Juscelino Kubitschek fez crescerem as antipatias que os militares radicais lhe devotavam: Mauro Borges tinha apoiado a investidura de João Goulart na Presidência da República, na crise de agosto/setembro de 1961.

Envolvido ainda num IPM em andamento em Goiás, Mauro Borges assistiu, a 26 de novembro, à intervenção federal em seu Estado. A Câmara dos Deputados aprovou a ação governamental por 192 a 140. A Revolução já começava a devorar os seus realizadores.

A pressa com que o general Costa e Silva resolveu o expurgo dispensou Castelo de inaugurar a série de atos institucionais. O que foi promulgado por Costa e Silva nem número teve. Luís Viana revela que, "pessoalmente, ele teria preferido adiar a posse, pois, além de dar-lhe mais tempo para organizar o governo, o eximiria de praticar os atos de arbítrio inseparáveis das revoluções". A Adauto Cardoso, que lhe sugerira dia próximo para se empossar no governo, ele retrucara: "Não quero praticar, como presidente da República, atos de exceção. Espero que os pratiquem aqueles que podem fazê-lo. Depois de esgotados, tomarei posse." Dominado pelo espírito legalista, ele se iludia: na realidade, a imperiosidade do arbítrio o constrangeria durante todo o governo.

Após a posse, Castelo julgou oportuno substituir o "Comando Supremo da Revolução" pelo "Governo da Revolução". Só Costa e Silva permaneceu.

Prorrogação do mandato

Nos primeiros dias de julho de 64, começa a surgir a idéia da prorrogação do mandato do marechal Castelo Branco. O primeiro pronunciamento abordando esse tema foi feito pelo governador Magalhães Pinto, em discurso proferido na Escola Superior de Guerra, quando o chefe do Governo de Minas declarou que a situação política não comportava eleições em 1965. Dias depois, o ministro da Guerra pronunciava-se favoravelmente à opinião de Magalhães Pinto.

Os partidários da prorrogação argumentaram que a estabilização do regime demandava mais tempo. A normalização da situação econômica, também, dificilmente seria concluída no período para o qual fora eleito Castelo Branco. Ao mesmo tempo em que preconizavam a prorrogação, seus partidários afirmavam ser esse o caminho mais seguro para o retorno à normalidade política.

Carlos Lacerda voltava de sua viagem ao exterior, cujo objetivo fora explicar a Revolução. Reassumindo o governo, discursou no Palácio Guanabara para combater a idéia da prorrogação. No seu discurso, Lacerda declarou que tal providência iria "impopularizar a Revolução". Candidato à Presidência da República, Lacerda não via com bons olhos o adiamento do pleito, que representava o fortalecimento da classe militar no poder e, ao mesmo tempo, o esvaziamento das candidaturas políticas. Assim, aproveitava a idéia da prorrogação como arma de ataque ao governo revolucionário. Sua atitude, radicalizando a campanha antiprorrogação, desagradou seu próprio partido, a UDN, que não concordou com seu pronunciamento.

A campanha de Lacerda, procurando dividir as opiniões partidárias, não surtiu efeito. A Emenda Constitucional que determinava, em seu parágrafo único, a prorrogação do mandato do presidente da República e de seu vice-presidente até o dia 15 de março de 1967 foi aprovada no Congresso no dia 22 de julho de 1964, conseguindo na votação 205 votos a favor e 96 contra.

Política financeira

Castelo Branco acercara-se de dois elementos que se pareciam completar: Roberto Campos e Bulhões de Carvalho. Foi esse o ponto nevrálgico de desentendimento com Carlos Lacerda, que criticou duramente a política de Roberto Campos. O reescalonamento da dívida externa, em um montante que alcançava 3,8 milhões de dólares em janeiro de 64, asfixiava o país, não tanto pela importância, mas por seu vencimento, numa proporção de 48%, concentrado nos anos de 64/65. A solução aventada por San Tiago fora a moratória unilateral, considerada "um avanço no sentido da comunização". A vitória da Revolução adiou, porém, os débitos exigíveis em 64 e 65, dentre os quais se incluíam centenas de milhões de dólares de atrasados comerciais devidos a empresas norte-americanas. Os reescalonamentos conseguidos, depois de longos entendimentos, representaram um alívio de cerca de 250 milhões de dólares no balanço de pagamento de 64/65.

Embora se declarasse avesso à política, Castelo foi cedendo ao meio e alterando os quadros políticos e militares. Influiu nas duas casas do Congresso, afastando os antigos presidentes. Também nas Forças Armadas alterou regulamentos, de modo a agilizar os quadros, o que representou, na realidade, a extinção das lideranças militares. A demissão de professores, o cerceamento de liberdade de protestar, o fechamento da UNE (União Nacional dos Estudantes), a existência de tortura aos presos políticos exacerbaram o ânimo dos moços. O movimento de março de 64 não era popular nos meios estudantis.

Outubro de 1965 traz eleições para governadores estaduais em 11 unidades da Federação: Pará, Maranhão, Rio Grande do Norte, Paraíba, Alagoas, Guanabara, Minas Gerais, Paraná, Santa Catarina, Goiás e Mato Grosso. Nos outros Estados, devido às diferenças de duração dos mandatos, estabelecidos nas diversas Constituições Estaduais de 1947, não haveria eleições nesse ano. Desde abril de 1964, houve pressão política e militar no sentido de adiar ou mesmo tornar indiretas essas eleições. Os defensores da retomada democrática, inclusive o próprio presidente Castelo Branco, conseguiram, apesar disso, garantir sua realização. O mais difícil, entretanto, viria depois: garantir seus resultados.

O momento político não era bom para o governo. Era a primeira consulta ao eleitorado depois da Revolução de 1964. Os salários perdiam rapidamente seu poder aquisitivo; a inflação estava longe de estar sob controle; as cassações e suspensões de direitos políticos tinham atingido muitos nomes de prestígio eleitoral; o pleito presidencial fora adiado, com a prorrogação por um ano do mandato do presidente Castelo Branco; a Lei de Inelegibilidade sofria críticas severas desde a sua edição, no início do ano; a participação de tropas brasileiras na ocupação da República Dominicana motivara protestos contra a política externa do governo. Havia, portanto, motivos de sobra para insatisfação em grande parte do eleitorado.

Na Guanabara, o eleitorado tradicionalmente oposicionista foi levado a uma maior insatisfação com o governo desde a fase de lançamento das candidaturas.

Em 3 de outubro de 1965, votaram quase 7 milhões de eleitores nos 11 Estados. Foi na Guanabara e em Minas Gerais, entretanto, que a vitória das oposições semeou a crise. Francisco Negrão de Lima conseguiu folgada margem de votos sobre o candidato udenista Flexa Ribeiro. Israel Pinheiro, em Minas, venceu Roberto Resende. Do ponto de vista dos militares de "linha dura", a vitória desses dois políticos do PSD na Guanabara e em Minas Gerais era o início seguro de *retorno ao passado*. O fato de Juscelino Kubitschek, depois de um ano fora do país, ter retornado no próprio dia da eleição foi explorado em diversas reuniões na Vila Militar, e os oficiais da linha dura passaram a exigir do governo a *retomada do processo revolucionário*. Em uma tarde de grande agitação na Vila Militar, onde correu o boato da deposição de Castelo Branco, a intervenção pessoal do ministro da Guerra, general Artur da Costa e Silva, conseguiu pôr fim à ameaça de agitação maior, tomando o compromisso de fazer o governo encaminhar medidas de endurecimento para com os inimigos da Revolução.

A 27 de outubro, foi promulgado o Ato Institucional nº 2. No preâmbulo, lia-se: "A revolução é um movimento que veio da inspiração do povo brasileiro para atender às suas aspirações mais legítimas: erradicar uma situação e um governo que afundavam o país na corrupção e na subversão."

Ao Ato Institucional nº 2 somou-se uma série de Atos Complementares que nele se baseavam. O Ato Complementar nº 3, de 3 de novembro de 1965, incumbia o ministro da Justiça de investigações e decisões quanto a demissões, dispensas, remoções etc., com base no AI-2. A 20 de novembro, o Ato Complementar nº 4 dispõe sobre a formação de organizações que tivessem as atribuições de partidos políticos, até a sua constituição definitiva. O Ato Complementar nº 5 permite a intervenção federal em municípios em que vagassem os cargos de prefeito e vice-prefeito, por morte ou cassação.

Em 3 de janeiro de 1966, o Ato Complementar nº 6 prorrogava até 15 de março de 1966 o prazo para a criação e registro das organizações que teriam as atribuições de partidos políticos, enquanto estes não se constituíssem. O Ato Complementar nº 7 dá novas normas para a formação das organizações pré-partidárias, instituindo o número máximo de três sublegendas. O Ato Complementar nº 8, de 28 de março de 1966, permite a intervenção federal em municípios recém-criados, até que os seus vereadores e prefeitos sejam regularmente eleitos. O Ato nº 9, com a data de 10 de maio de 1966, regulamenta a mecânica das eleições indiretas para presidente e vice-presidente da República e para governadores e vice-governadores de Estado. As eleições indiretas, em 15 de setembro, para os governadores tinham sido instituídas pelo Ato Institucional nº 3, de 5 de fevereiro de 1966, que também adotou a nomeação dos prefeitos das capitais pelos governadores, respeitados os mandatos em vigor.

Em 4 de junho de 1966, o Ato nº 10 determina que a suspensão de direitos políticos seja simultânea à suspensão do exercício do mandato coletivo federal, estadual e municipal. Isso se aplica, inclusive, às suspensões de direitos políticos já decretados. O Ato Complementar nº 12, de 28 de junho de 1966, trata de um caso específico: em Alagoas, as eleições diretas para governador, em 1965, tinham levado a um impasse que determinara a intervenção federal. Esse Estado ficou, por esse Ato, incluído entre os que teriam eleições indiretas em 3 de setembro de 1966. Em 30 de junho de 1966, o Ato Complementar nº 14 impedia a convocação de suplentes de parlamentares (federais, estaduais e municipais) que renunciassem a seu mandato.

O Ato Complementar nº 16, de 18 de julho, instituiu a fidelidade partidária nas eleições indiretas federais e estaduais, considerando nulos os votos dados pelo parlamentar a candidato que não o indicado pela convenção da sua agremiação. O Ato Complementar nº 17, de 22 de julho, prevê a suspensão de direitos políticos de qualquer legislador que renuncie ao seu mandato como forma de protesto contra as medidas arbitrárias do governo.

O resultado das eleições de 1965 desagradou os círculos militares, que pressionaram o governo. Na esteira da crise então desencadeada, Castelo determinou a extinção dos partidos políticos. No Ato Complementar nº 4, o governo abriu caminho à criação das agremiações pré-partidárias: o seu registro, no entanto, dependeria da reunião de 120 deputados federais e 20 senadores, no mínimo. Havia, nessa época, cerca de 400 deputados e 65 senadores. Dificilmente se conseguiriam compor mais de duas agremiações. Era a imposição do bipartidarismo. Os parlamentares partidários do Governo Castelo Branco e da continuidade da Revolução congregaram-se na Aliança Renovadora Nacional (ARENA). A ARENA arregimentou mais de 220 deputados federais (83 da UDN, 67 do PSD, 38 do PTB, 22 do PSP, 16 do PSB e outros) e 35 senadores (16 da UDN, 15 do PSD e 4 do PTB), números esses que, depois, chegaram a superar 200, 50 e 40, respectivamente. A outra agremiação – a da oposição –, o Movimento Democrático Brasileiro (MDB), conseguiu apenas 83 deputados (33 do PTB, 40 do PSD, 6 da UDN e 4 do PDC) e 19 senadores (13 do PTB, 5 do PSD e 1 da UDN), tendo, enfim, dificuldade em atingir os limites mínimos exigidos. Uma vez registrados ARENA e MDB na Justiça Eleitoral, os congressistas que não tinham participado de sua criação tiveram 30 dias para se filiar a um desses partidos. Caso não o fizessem, estariam proibidos de exercer qualquer atividade parlamentar.

A primeira função dos novos partidos foi o papel de suporte para as candidaturas às eleições indiretas aos governos dos Estados que não tinham tido eleições em outubro de 1965: São Paulo, Rio Grande do Sul, Rio de Janeiro, Espírito Santo, Bahia, Pernambuco, Ceará, Piauí, Amazonas e Acre. Alagoas, sob intervenção federal, também teve eleições indiretas em 3 de setembro de 1966. Os candidatos da ARENA foram indicados pelo presidente da República. Nas Assembléias estaduais, onde o governo não tinha maioria, foram simplesmente cassados os mandatos de arenistas e, também, emedebistas, para manter as maiorias encarregadas de *eleger* os novos governadores.

A 3 de outubro, o marechal Artur da Costa e Silva e o deputado Pedro Aleixo foram eleitos, pelo Congresso Nacional, presidente e vice-presidente da República.

O chefe do poder militar

Costa e Silva era o chefe do poder militar. As últimas lideranças dos marechais Eurico Gaspar Dutra e Odílio Denys se haviam perdido no passado. As modificações levadas a cabo na estrutura militar pelo general-presidente Castelo Branco impediram a criação de novas lideranças.

O Exército, seguindo a linha da hierarquia, tinha um chefe – o ministro da Guerra. Este era o general Costa e Silva.

Em seu governo, iniciado a 15 de março de 1967, a contestação se fez mais forte. O que se chamou "desvirtuamento da Revolução" realizou contatos entre diversas correntes de cassados, emedebistas insatisfeitos e até alguns arenistas. A Frente Ampla atraiu outras estrelas de primeira grandeza: Juscelino Kubitschek e João Goulart. A agitação política exacerbou a reação militar. A 15 de novembro, durante uma entrevista no Clube dos Repórteres Políticos, Carlos Lacerda revelou que seguiria para o Uruguai a fim de se encontrar com João Goulart. O que efetivamente se realizou a 24 daquele mês, quando ambos assinaram um acordo.

A reação na área militar foi imediata. Nos altos escalões do governo e das Forças Armadas, circularam boatos de que Juscelino, Ademar e Goulart estavam planejando uma contra-revolução, com articulações na França, onde vários cassados tinham recebido homenagens oficiais ou oficiosas. Assoalhava-se que setores governamentais franceses estariam interessados em fustigar a expansão dos interesses norte-americanos no Brasil, sensivelmente favorecidos após a Revolução de 1964. A Igreja Católica estava sob suspeita e, através de alguns bispos, servia de porta-voz de integrantes da Frente Ampla. O movimento teria sido marcado para o dia 27 de janeiro de 1968, com foco inicial na cidade de São Paulo. Foi assim que, a 5 de abril, editou-se a Instrução n.º 177, proibindo qualquer manifestação política em nome da Frente Ampla.

O primeiro semestre de 1968 foi marcado por intensa movimentação estudantil, tanto no Brasil como nos países desenvolvidos da Europa Ocidental e América Latina. Os estudantes brasileiros haviam conseguido rearticular a UNE (União Nacional dos Estudantes). Suas reivindicações eram mais de caráter universitário: aumento das verbas para as universidades; aproveitamento de alunos que, aprovados nos exames vestibulares, não encontravam vagas e eram classificados como "excedentes". No Rio de Janeiro, havia um restaurante universitário, o Calabouço, cujos preços eram objeto de reclamações. No dia 28 de março, a Polícia Militar do Rio de Janeiro interveio em uma manifestação de estudantes que protestavam contra o fechamento do restaurante pelo governo. Do conflito resultou a morte do estudante Edson Luís. O corpo foi carregado pelas ruas centrais da cidade e velado no saguão da Assembléia Estadual. O Congresso Nacional e as Assembléias Legislativas foram, dessa forma, caixas de ressonância de exaltados repúdios à ação repressiva do governo.

O movimento contestatório ao regime teve sua expressão máxima na passeata de 100 mil pessoas, realizada a 21 de junho no Rio de Janeiro. Greves foram deflagradas em várias universidades. No dia 4 de julho, o Conselho de Segurança Nacional (CSN) debateu a decretação do estado de sítio. Um debate estudantil que se realizava no auditório da Universidade Federal foi interrompido pela Polícia. O quarteirão foi cercado, houve ameaça de invasão do *campus*. O reitor, Clementino Fraga Filho, conseguiu dos comandantes das tropas a permissão para a saída dos estudantes. Rapazes e moças foram obrigados a passar por um "corredor polonês", levando cacetadas até o Campo de Futebol do Botafogo, do outro lado da rua, onde eram obrigados a permanecer deitados, em fileiras. Seguiram-se ainda outras manifestações de protesto, uma delas chamada de "Sexta-Feira Sangrenta", quando a Polícia Militar atirou sobre os estudantes e a população que com eles se solidarizava.

A crise política assumiu proporções mais graves com o pronunciameto do deputado federal Márcio Moreira Alves, expressando veemente protesto contra a crescente violência policial e militar, cujo fato recente fora a invasão da Universidade de Brasília, o espancamento de estudantes e o tiroteio a esmo, em que um aluno fora atingido. Mas o que motivou a exaltação de setores militares pela punição do deputado foi a sua proposta idealista – como reconheceria mais tarde o próprio autor – de boicotar o desfile militar de 7 de setembro, além de insinuar que o Exército estaria se tornando um abrigo de torturadores. O discurso não chegou a ter repercussão na imprensa, mas a propaganda nos setores militares se fez com a distribuição do texto mimeografado, sensibilizando a oficialidade jovem. O desenvolvimento da crise refletiu-se no parlamento com a formação de dois grupos opostos: a) parlamentares contrários à licença para processar o deputado Márcio Moreira Alves; b) parlamentares dispostos a cumprir as ordens do bloco que se apossara do Executivo, alicerçado no poder militar.

O conflito foi bem definido na correspondência entre o senador Daniel Krieger e o presidente da República, que não atendeu às ponderações do político gaúcho. A 10 de dezembro, o pedido de licença recebia o parecer favorável da Comissão de Justiça da Câmara. Todavia, para que prevalecesse a posição do governo, aquela comissão teve substituído número significativo de seus membros. Apos essa decisão, o deputado Djalma Marinho (ARENA) apresentou a renúncia de seu cargo. A votação em plenário indicou 216 contra a pretendida licença, 136 a favor e 12 votos em branco, sendo que 24 deputados da ARENA não compareceram à sessão.

A questão foi debatida na manhã do dia seguinte, sexta-feira, 13 de dezembro, numa reunião de que participaram o general-presidente da República, ministros militares, o chefe do SNI, o chefe do Gabinete Militar, o ministro da Justiça e o chefe do Gabinete Civil. Na tarde daquele mesmo dia, em reunião do Conselho de Segurança Nacional, o ministro da Justiça apresentou uma proposta de manifesto à Nação e decretação de um Ato Adicional, cujos itens enumerou: "1) Manutenção da Constituição; 2) Suspensão dos direitos políticos e cassação de mandatos por dez anos; 3) Intervenção nos Estados e municípios; 4) Suspensão das garantias constitucionais quanto à vitaliciedade e inamovibilidade, podendo demitir e reformar militares, aposentar funcionários e juízes; 5) Decretação de estado de sítio e sua prorrogação, estabelecendo prazo de vigência; 6) Confisco de bens resultantes de enriquecimento ilícito; 7) Suspensão de *habeas-corpus*; 8) Recesso do Congresso e das Assembléias por prazo indeterminado."

Após a edição do AI–5, iniciou-se a caça aos políticos e cidadãos considerados inimigos do regime. O comandante do I Exército, Sizeno Sarmento, mandou prender o ex-presidente Juscelino Kubitschek e o Sr. Hugo Goutier. Do Gabinete Militar veio o pedido de prisão do ex-governador Carlos Lacerda. Os deputados Márcio Moreira Alves e Hermano Alves foram presos; foi preso o deputado Davi Lerer.

Os processos passaram a ser examinados pelo Conselho de Segurança Nacional, que aplicava as representações com base no AI-5. O primeiro processo foi o do deputado Márcio Moreira Alves; seguiu-se a punição dos deputados Hermano Alves, José Lerer, Hélio Henrique Pereira Navarro, Gastone Righi Cuogli, Mateus José Schimidth, Henrique Hemkin, Maurílio Filgueira Ferreira Lima, José Lutz Sabiá, Renato Bayna Archer, José Carlos Estelita Guerra. O general Peri Constant Beviláqua, ministro do Superior Tribunal Militar, recebeu punição de aposentadoria do cargo. O juiz Joaquim de Sousa Neto, do Tribunal de Justiça do Distrito Federal, teve seus direitos políticos suspensos por dez anos, acusado de corrupção.

Em janeiro, o AI–5 foi aplicado em processos contra dois senadores, 24 deputados do MDB, 11 deputados da Arena, e contra a Sra. Niomar M. S. Bittencourt, do *Correio da Manhã*; em fevereiro, foram cassados mais dois senadores e 18 deputados federais do MDB.

Ainda nesse período, assinou-se o Decreto-Lei nº 477, "definindo as infrações disciplinares praticadas por professores, alunos e funcionários dos estabelecimentos de ensino público ou particulares".

A Constituição que não foi promulgada

Costa e Silva vinha trabalhando na reforma da Constituição, que pretendia executar com o levantamento do recesso do Congresso, a reorganização partidária e, mais tarde, o fim dos atos de exceção. Era seu principal colaborador o vice-presidente Pedro Aleixo. No dia 26 de agosto, o presidente determinou ao chefe do Gabinete Civil que anunciasse à imprensa estar concluída a reforma da Constituição. Estava acertado que a nova Constituição seria promulgada a 2 de setembro, no Rio de Janeiro, para entrar em vigor no dia 7. E o Congresso seria convocado a partir do dia 8. A nova Constituição seria baixada por emenda constitucional, não por ato institucional.

Foi durante uma audiência concedida a um grupo de jovens agricultores que o presidente sentiu alguma dificuldade nos seus movimentos. A próxima audiência foi com o governador Otávio Lage. O presidente ouvia, mas já sem falar. Olhar atento, indicou com a mão o andar de cima, onde se localizava o escritório de Rondon Pacheco, com quem ele teria de discutir algumas palavras. O governador, indo à sala de Rondon Pacheco, transmitiu a este último o temor de que o presidente não estivesse bem. Eram 17h30min. Na sala, sozinho, o presidente teve consciência da perda da voz. Sentu-se e esperou. Era uma interrogação que começava.

Alguns minutos depois, retornando à normalidade, tocou a campainha e chamou um dos ajudantes-de-ordens. Veio o major Conrado. Costa e Silva pediu-lhe água com açúcar e perguntou se já havia chegado o consultor-geral da República, Adroaldo Mesquita da Costa. À resposta afirmativa, mandou que seu tio entrasse. Apertou-lhe a mão e, ainda à porta, dialogou, confirmando a indisposição. Chamou novamente o ajudante-de-ordens, comunicando-lhe que iriam embora. Eram 18h30min quando deixou seu gabinete no Planalto, ao qual não voltaria. Dona Iolanda encontrava-se no Rio de Janeiro. O presidente jantou, foi assistir à sessão rotineira de cinema, retirando-se, contudo, antes do término do filme. O médico que o acompanhava, Dr. Hélcio Gomes, diagnosticou o processo de distúrbio neurológico-circulatório. Aconselhou o repouso em Brasília, mas Costa e Silva insistia em ir para o Rio. Prepararam a viagem, os cuidados especiais para o desembarque no Galeão e o deslocamento até o Palácio das Laranjeiras. Propalariam que o presidente estava acometido de forte gripe. O avião presidencial desceria longe do local dos cumprimentos e o automóvel, entrando na pista, esperaria o presidente no sopé da escada.

A essa altura o presidente já não conseguia articular senão alguns sons. A face direita estava paralisada. Usaram um cachecol para disfarçar. Sentado, durante a decolagem, o presidente foi, afinal, convencido pelo médico a viajar deitado. Tomou oxigênio. A palavra, porém, não veio mais. A mobilidade do braço direito começava a falhar. Com ele, em seus aposentos, apenas o Dr. Hélcio, o general Portela, o comandante Peixoto, o comandante Spala, além do comandante-aviador Valdir.

Recebido nas Laranjeiras por sua mulher, pouco depois das 10h15min já se encontravam à sua espera o ministro Leonel Miranda e dois especialistas, os Drs. Abrahão Akerman e Luís Campinho. Fazendo grande esforço, o presidente pronunciou suas últimas palavras, com voz arrastada: "Você tinha razão" (referia-se à necessidade de descanso). Nunca mais voltaria a falar.

O general Portela confirma que a doença do presidente surgira às vésperas da tomada das decisões importantes que determinariam os novos rumos do país. No dia 30, às 20h, o general Portela dirigiu-se à residência oficial do ministro da Guerra. Emergia a crise em função da substituição do general-presidente da República. O Alto Comando das Forças Armadas delibera interromper a linha constitucional da substituição presidencial, vetando o vice-presidente, deputado Pedro Aleixo, *por não merecer a confiança das Forças Armadas, em virtude de sua atitude por ocasião da edição do AI–5.* Os três ministros militares constituem-se em Junta, assumindo os poderes do Executivo e também do Legislativo. Deliberam o impedimento e, depois, o afastamento do general-presidente Costa e Silva. Aplicam a pena de cassação de mandatos e de direitos políticos a vários parlamentares. O movimento de inconformismo nos meios militares centraliza-se na pessoa do general Albuquerque Lima. Apesar do apoio recebido, seu nome é afastado. Deliberam, pelo contrário, que os nomes dos novos presidente e vice-presidente devem ser levados ao Congresso para apreciação e eleição, após serem apreciados pelo Alto Comando das Forças Armadas. O Alto Comando do Exército fixou-se, afinal, no nome do general Garrastazu Médici, comandante do III Exército.

O general Artur da Costa e Silva viria a falecer a 17 de dezembro de 1969.

Médici – acreditava em milagres

Foi um ato burocrático a comunicação que a Secretaria da Presidência da República (ocupada pela Junta Militar) fez da escolha do nome do general Emílio Garrastazu Médici, apresentando para vice-presidente da República o do almirante Augusto Rademaker Grünewald. Houve, portanto, quebra do compromisso inicial de que nenhum dos três membros do triunvirato militar ocuparia o governo.

Nenhuma reunião política, conclave de próceres, convenção partidária, plataforma de governo. A Arena, o partido do governo para apoiar o governo, apoiou passivamente aquelas candidaturas. O Congresso, reaberto por Ato Complementar ao AI-16, reuniu-se em Brasília a partir do dia 22. O MDB compareceu, mas se abstendo de votar. A 25 o general Garrastazu Médici e o almirante Augusto Rademaker foram eleitos para o período compreendido entre 30 de outubro de 1969 e 15 de março de 1974, por 273 votos e 76 abstenções. A distribuição foi: votantes da Arena – 241 deputados e 42 senadores; abstenções (MDB) – 62 deputados e 14 senadores.

Ainda no uso de seus amplos poderes, o Alto Comando decidiu, a 17 daquele mês, a revisão constitucional, anunciada alguns meses antes e adotou novos códigos; penal-militar e uma lei sobre a organização judiciária militar. Assim, todas as medidas de exceção tomadas desde 1967 foram englobadas na Constituição; inclusive a prerrogativa, dada ao Executivo, de suspender os direitos políticos, nos termos do AI–5, passa a ser permanente. O Conselho de Segurança Nacional torna-se "o órgão de mais alto nível, encarregado de assessorar a Presidência da República na formulação e execução da política de segurança nacional". A 23, um decreto-lei regula os princípios de inelegibilidade de maneira que grande número de políticos do período anterior a 1964 não mais poderão apresentar-se como candidatos.

A composição de seu ministério revela a preocupação com o aproveitamento dos técnicos em detrimento dos políticos. Entrávamos, assim, em plena era da tecnocracia. O ministério ficou assim constituído: Fazenda – professor Antônio Delfim Neto (antigo); Minas e Energia – Antônio Dias Leite Jr. (antigo); Indústria e Comércio – Fábio Riodi Yassuda (diretor da Cooperativa Agrícola de Cotia, São Paulo); Planejamento – João Paulo dos Reis Veloso (38 anos, chefe do Instituto de Planejamento do Ministério sob Roberto Campos e Hélio Beltrão); Justiça – Alfredo Buzaid (advogado em São Paulo); Gama e Silva seguiria como embaixador em Lisboa; Agricultura – Luís Fernando Cirne Lima, agrônomo (Rio Grande do Sul); Relações Exteriores – Mário Gibson Barbosa (embaixador em Washington e antigo aluno da Escola Superior de Guerra); Saúde – Dr. Francisco de Paula da Rocha Lagoa (antigo aluno da Escola Superior de Guerra); Saúde e Previdência Social – Júlio de Carvalho Barata (antigo aluno da Escola Superior de Guerra); Comunicações – coronel Higino Corsetti; Educação e Cultura – senador Jarbas Passarinho (anteriormente ministro do Trabalho); Transportes – coronel Mário Davi Andreazza (antigo); Interior – José Costa Cavalcânti (antigo); Exército – general-de-exército Orlando Geisel (o general Lira Tavares seria nomeado embaixador em Paris); Aeronáutica – marechal-do-ar Márcio de Souza e Melo (antigo); Marinha – almirante Adalberto de Barros Nunes; Casa Militar – general-de-brigada João Batista de Oliveira Figueiredo (ex-chefe de gabinete do general Médici no SNI e no Estado-Maior do III Exército); Casa Civil – João Leitão de Abreu (advogado em Porto Alegre, cunhado do ex-ministro do Exército Lira Tavares); Serviço Nacional de Informação – general-de-brigada Carlos Alberto da Fontoura (antigo, desde março de 1969).

Esse ministério sofreu as seguintes demissões: a do ministro da Aeronáutica, conhecido por sua virulência anti-subversiva, anunciada em inícios de dezembro de 1971, e a do ministro da Saúde, acusado de lentidão administrativa e falta de dinamismo, substituído em 15 de junho de 1972 por Mário Machado Lemos, secretário de Saúde do Estado de São Paulo.

A feição do Governo Médici apresenta-se tecnicamente burocrática. A política é relegada às atribuições do chefe da Casa Civil, ministro Leitão de Abreu. Os assuntos militares são resolvidos pelo ministro da Guerra, general Orlando Geisel. A repressão policial-militar incrementou-se. A Comissão de Defesa dos Direitos da Pessoa Humana foi reformada, com o aumento de seu *quorum*, assegurando maioria ao governo. Seu presidente nato, o ministro da Justiça, era quem fazia a convocação, a qual também podia deixar de ser feita. A reforma estabelecera o sigilo sobre o que se discutisse nas reuniões. A oposição (MDB) deliberou retirar seu representante dessa comissão, o mesmo fazendo a Ordem dos Advogados do Brasil (OAB) e a Associação Brasileira de Imprensa (ABI).

Em um fórum promovido pela revista *Visão* sobre o tema Desenvolvimento-Liberdade-Segurança Nacional, foram formuladas dez questões. Uma delas era: "Que medidas sugeriria para que o país atinja um estágio de reconciliação político-institucional, no qual a alternativa revolução ou contra-revolução dê lugar a instituições criadoras que, tomando por ponto de referência o nosso futuro, redundem numa sociedade política aberta?"

D. Hélder Câmara respondeu: "É urgente que a Revolução se decida por reformas reais, corajosas, seguras e válidas. Salvo erro, notam-se mudanças de atitudes (. . .). Devo ter a confiança e a coragem de dizer que não vejo esperança para o Brasil, para a América Latina e para o Terceiro Mundo na linha do capitalismo ou do neocapitalismo. É claro que também não vejo solução (. . .) na linha dos modelos comunistas atuais. Devemos encontrar um modelo de crescimento na via da socialização (. . .). É, porém, indispensável (. . .) que ele respeite efetivamente a pessoa humana, e não descambe numa ditadura de governo ou de partido."

Daí por diante seria o *sistema*, misteriosa cúpula de poder, de constituição anômala, variável e transitória, que substituiria o presidente enfermo, sob a denominação de Junta Militar, triunvirato de ministros militares até 30 de outubro de 1969, quando se empossou o presidente Médici. O período presidencial prolongaria, institucionalizando o *sistema*, já então composto de outros militares e comandos militares. Pois entraríamos em outro processo de consolidação da ditadura militar, superadas as tentativas dos dois primeiros presidentes de restabelecer a normalidade constitucional. Assim, o Governo Médici assinala o fortalecimento da chamada *linha dura*, mais voltada para a repressão do que para o entendimento político.

A 3 de abril é promulgada a Emenda Constitucional nº 2, que modifica o Artigo 13, inciso IX, § 2º da Constituição, alterando o processo de eleição dos governadores previsto para outubro de 1974. Pela modificação, "dada a necessidade declarada de preservar o clima de tranqüilidade, de confiança e de trabalho, indispensável para a consolidação das instituições sociais e políticas", é modificada a natureza daquele pleito. Em conseqüência, a eleição dos governadores não seria mais pelo sufrágio universal e por votos diretos e secretos, mas por votação indireta.

Era evidente que se temia uma vitória do MDB, conquistando maior número de mandatos de governadores. A reação se faz intensa no seio do partido oposicionista.

Quanto à Arena, foi estabelecida a cláusula de fidelidade ao partido, fortalecendo a disciplina partidária.

A abertura política

O general Ernesto Geisel preparou-se longamente para exercer a Presidência da República. Metódico, ordenado, organizado, meticuloso, somou à influência genética germânica a formação militar e a preparação na Escola Superior de Guerra (ESG). Soldado que vivera na caserna até o generalato, teve, a partir de então, exatamente na transição de quem é comandado para aquele que comanda, uma valiosa experiência política: primeiro, como chefe da Casa Militar, na Presidência interina de Ranieri Mazzilli, quando lhe coube uma tarefa em que tinha de agir, ao mesmo tempo, como militar, político e diplomata, que a tanto importavam os contatos da Presidência com os três ministros militares, os entendimentos com os líderes dos diversos partidos e a delicadíssima missão de tornar viável a vinda e a posse do vice-presidente João Goulart; segundo, o estágio no Superior Tribunal Militar, como general-ministro representante do Exército, na fase difícil dos julgamentos, em grau de recurso, das decisões das juntas militares, severíssimas na punição dos contestadores do regime; finalmente, como presidente da Petrobrás, administrando a maior estatal brasileira e uma das cinco maiores empresas do mundo.

Como se não bastasse, o aluno destacado e conferencista da ESG travara conhecimento com a problemática nacional e apontara as soluções.

Foi assim credenciado que o seu nome surgiu, cresceu e se impôs, com o aval indeclinável do irmão, o ministro da Guerra, general Orlando Geisel, à sucessão do general-presidente Emílio Garrastazu Médici.

Aprendeu bem. Nenhum presidente, na história do Brasil, nem outro general-presidente, no período revolucionário, fez ou seria capaz de fazer uma viagem ao Estado de São Paulo para demitir o comandante do II Exército, que não acatara uma decisão sua, ou ainda demitir, face a face, o ministro da Guerra, cuja candidatura medrava nos quartéis e mesmo nas duas casas do Congresso.

Haverá muito o que discutir do acerto de sua administração. Avulta, nesse exame, o acordo nuclear com a Alemanha, que sangra a Nação de forma irreparável com a cláusula dos pagamentos em dólares. Nem se sabe se chegará a termo, pois se esgotaram as possibilidades de tomar mais dinheiro emprestado.

O presidente Geisel deteve o recorde de aplicação do AI-5. Fechou o Congresso. Embrulhou o "pacote de abril", preparando eleições que não presidiria. Mas ligou o seu nome à abertura por onde entrou a claridade de uma esperança.

O programa de governo, cuidadosamente elaborador pelo antigo oficial do Estado-Maior, comportava três eleições – em 1974, 1976 e 1978 –, renovando 2/3 do Senado Federal, toda a Câmara dos Deputados, as Assembléias Legislativas Estaduais e as Câmaras Municipais, além de prover o processo eleitoral de indicação e escolha de seu sucessor.

No dia 15 de novembro de 1974, mais de 23 milhões de eleitores foram convocados a escolher, em 22 Estados e 3 Territórios, 22 senadores, 364 deputados federais e 787 deputados estaduais, na terceira eleição geral em que se defrontaram a Arena, como partido governista, e o MDB, como partido de oposição.

O objetivo do MDB era alcançar 1/3 da Câmara dos Deputados, ou 122 cadeiras, conquistando, assim, uma posição que lhe ensejaria a oportunidade de solicitar a instalação de Comissões Parlamentares de Inquérito, bem como tomar outras providências que, até então, o número reduzido de sua representação não permitia, conforme o regimento do parlamento.

A Arena, por sua vez, lutava para aumentar a maioria na Câmara dos Deputados e no Senado, assegurando a vantagem de que desfrutava nas Assembléias Legislativas Estaduais, a fim de dar suporte político aos governadores eleitos, por sufrágio indireto, no dia 3 de outubro de 1974, para assumirem a 15 de março de 1975.

Além da representação federal, os eleitores da antiga Guanabara e do Estado do Rio de Janeiro iam escolher os 94 deputados estaduais que, a contar de 15 de março de 1975, iriam integrar a Assembléia Constituinte do novo Estado do Rio de Janeiro.

Os resultados totais dessas eleições apontaram 16 senadores para o MDB e apenas seis para a Arena. Para a Câmara dos Deputados, a Arena elegeu 204 deputados e o MDB, 160. A composição das Assembléias Legislativas assegurou 457 representantes arenistas e 330 emedebistas.

Quando chefe da Casa Militar do presidente Castelo Branco, o general Ernesto Geisel teve a incumbência de se dirigir ao Recife a fim de apurar denúncias de maus-tratos inflingidos a presos políticos. O fato era verdadeiro. Não foram, porém, conhecidas as punições, mas o certo é que tais práticas abusivas cessaram com a intervenção daquele oficial.

Ainda no Governo Geisel, os atentados aos direitos humanos continuariam. O Caso Herzog foi típico daqueles idos de 75. O relatório faccioso, concluindo por *voluntário suicídio por enforcamento*, foi avalizado pelo Comando do II Exército. Outra morte ocorrida nas dependências do Exército (DOI-CODI) provocou a inesperada viagem a São Paulo do próprio presidente da República, que exonerou o general Ednardo D'Ávila Melo do Comando do II Exército, nomeando, para substituí-lo, o general

Dilermando Gomes Monteiro. Era então ministro do Exército o general Sílvio Frota, cuja candidatura à sucessão de Geisel era articulada. O prestígio desse ministro parecia grande e com tendências a aumentar ainda mais. O episódio da demissão do comandante do II Exército, que poderia ter provocado sério incidente entre o presidente da República e seu ministro do Exército, foi absorvido sem maiores conseqüências. Pois, avisado do ato presidencial, o general Sílvio Frota não lhe opôs a menor objeção.

Daí por diante, os meios políticos previam o agravamento da situação. Pois, a continuar na Pasta do Exército, o general Sílvio Frota tornar-se-ia um candidato imbatível, o que não estava nos planos do governo.

A situação tornou-se tensa a ponto de, no último despacho ministerial, o citado ministro ter deixado de comparecer, sob a alegação curiosa de que não tinha nada a despachar!

Às 8h30min da manhã de 12 de outubro de 1977, o presidente Ernesto Geisel chamou ao Palácio do Planalto o general Sílvio Frota. Houve um curto e duro diálogo no qual o presidente declarou seu descontentamento. O general Sílvio Frota, entretanto, não pediu exoneração. Então o presidente o demitiu.

Dispondo de um monumental conjunto de leis repressivas, o governo autoritário debelou a crise política. O presidente Ernesto Geisel foi o governante que mais utilizou o AI-5. Uma relação nominal enumera 25 aplicações daquele dispositivo no período de 16.04.75 até 17.03.78.

Geisel determinara que o tema da sucessão presidencial só fosse discutido a partir de janeiro de 1978. Houve, porém, um acontecimento imprevisto, misterioso em suas origens, e que precipitou o lançamento do nome já escolhido, secretamente, para a nova Presidência. Humberto Barreto, que desfrutava de situação muito especial junto ao presidente da República, fez um pronunciamento em favor do general João Baptista Figueiredo. A lista dos prováveis candidatos mencionava também o general Ariel Pacca; o governador Aureliano Chaves, de Minas Gerais; o general Fernando Bethlem; o senador Magalhães Pinto; o ministro da Educação, Nei Braga; o general Reinaldo Melo de Almeida. Com a demissão do general Sílvio Frota do Ministério do Exército, a candidatura do chefe do SNI, general João Batista Figueiredo, tornou-se a mais forte indicação militar, provocando a demissão do general Hugo de Abreu, chefe do Gabinete Militar da Presidência da República, que com ela não concordava.

No dia 5 de janeiro de 1978, Geisel reunia os 16 membros da Comissão Executiva da Arena, indicando-lhes o nome do general João Batista de Oliveira Figueiredo para seu sucessor. Para vice-presidente, foi escolhido o governador do Estado de Minas Gerais, Aureliano Chaves.

O elo perdido

Quando o presidente Ernesto Geisel e o ministro Golberi do Couto e Silva maquinaram a candidatura do general João Batista Figueiredo, apesar de serem ambos catedráticos da Escola de Estado-Maior, cometeram um erro de que não tiveram reparação. A estratégia golberiana previa um quinto general-presidente com a função de preparar a transição para a Presidência Civil. Para isso foram tomadas as medidas adequadas, aumentando-se para seis anos o mandato presidencial e lhe dando um Colégio Eleitoral cuidadosamente preparado. Senhor do mais amplo período governamental, João Figueiredo presidiria duas eleições, renovando toda a Câmara dos Deputados e 2/3 do Senado Federal; mudaria todos os altos comandos militares; substituiria todo o Poder Judiciário. Só que, como mais tarde reconheceram Geisel e Golberi, João Figueiredo não cumpriria sua missão.

Faltou um elo na cadeia sucessória. Se Golberi e Geisel tivessem alargado suas cogitações além do limite da caserna, a solução teria estado ao alcance de suas mãos. O elo perdido chama-se José de Magalhães Pinto.

O então senador por Minas Gerais teria sido a solução ideal. Nenhum civil apresentava o currículo político-revolucionário daquele que foi signatário do Manifesto aos Mineiros, governador de Minas Gerais, responsável pela deflagração do movimento de março de 1964 – ostentava, merecidamente, o título de chefe civil da Revolução –, ministro do primeiro governo militar-revolucionário, indicado, pela unanimidade de seus pares no Senado, candidato à Presidência da República.

Magalhães Pinto postulou sua candidatura nos moldes democráticos, obedecendo, porém, às exigências militaristas. Se aceito pela cúpula autoritária, ele carrearia facilmente o apoio da Arena e não teria dificuldades, assim prestigiado, em conseguir a boa vontade e alguma participação eleitoral do MDB.

Civil e revolucionário, seria o elo ideal para continuar a cadeia dos generais-presidentes na transição para os presidentes civis, mantendo a alegoria revolucionária.

Magalhães Pinto esforçou-se o mais que pôde. Ao mesmo tempo em que cortejava a cúpula militar, sem a qual nada seria possível, percorreu grande parte do país numa pregração democrática de ampla repercussão. Havia, porém, a decisão fechada de fazer ainda um quinto general-presidente como a melhor garantia de preservação dos interesses dos revolucionários, mais que da revolução. Magalhães Pinto esforçou-se inutilmente. Chegou a tentar completar a chapa com um general que não acedeu, preferindo candidatar-se, também, à Presidência e à derrota: Euler Bentes.

Enquanto a candidatura Magalhães Pinto esboroava-se e a de Bentes não conseguia impor-se, crescia a indicação oficiosa de João Figueiredo.

Apenas não foi ele, como esperavam seus inventores, o elo de transição do autoritarismo para a democracia.

A bomba

O general-presidente João Figueiredo foi um bom oficial de Cavalaria, malgrado seu físico pouco adequado a um ginete, o tronco volumoso, em desproporção com as pernas curtas. Completou folgadamente a corrida de obstáculos da sucessão. Teve como obstetra de sua candidatura o próprio *filho político* de Geisel – Humberto Barreto –, cujo pronunciamento trazia o carisma das sentenças dogmáticas. Ninguém pôs em dúvida que Figueiredo seria o novo presidente. Um *expert* em publicidade – Saïd Fahrat – encarregou-se da plástica publicitária do candidato, substituindo os óculos escuros, a pose marcial e o senho cerrado por um visual de esportista jovial, amante das crianças, improvisador de boas piadas. Como faltasse, em suas platinas, a quarta estrela, foram alijados alguns generais mais bem colocados no *Almanaque Militar* e no histórico revolucionário, como Montanha e Meria Mattos. Finalmente, o Colégio Eleitoral, em *ordem unida,* proclamou o nome esperadamente vitorioso.

O começo de seu governo foi recebido com simpatia. Fahrat desempenhava as suas funções, vendendo a imagem de um presidente cujo índice de popularidade crescia. A realização das eleições de 15 de novembro de 1982 marcaram o pique de sua carreira. Se houvesse, então, uma eleição para presidente da República por voto direto, João Figueiredo seria imbatível.

A posse dos governadores oposicionistas coroou o grande acontecimento democrático. Daí por diante, João Figueiredo teria apenas de completar a trajetória meticulosamente planejada por seu antecessor e pelo *mago* do Planalto, com quem sabatinava, na reunião das 9h, a tarefa do dia. Nas intrigas palacianas, já transpirava que o sexto general-presidente seria Otávio Medeiros, chefe do SNI. A profunda sonolência cívica que dominava o Brasil não permitia qualquer vislubre de discrepância. O PDS aguardava que o Alto Comando desse as suas ordens. O PMDB desempenhava, dentro das circunstâncias, o seu papel de *oposição tolerada.* Desde que não podia adaptar as circunstâncias às suas exigências, adaptava-se às exigências das circunstâncias.

O militarismo, por índole, tende ao autoritarismo, de acordo com os princípios básicos da disciplina e da hierarquia. Um autoritarismo com domínio prolongado de dois decênios tinha de gerar os abusos que, se não eram praticados pelos chefes, o eram largamente pelos escalões inferiores. O princípio vertical da hierarquia não sofre contestação: o que o quinto, quarto, terceiro ou segundo escalão fazia era encampado pelo primeiro, mesmo quando este só tinha conhecimento do fato depois de consumado o desastre. É o caso das bombas que explodiram no Riocentro e cuja história detalhada só não foi conhecida dos tribunais julgadores.

Houve uma vítima, por engano, em vez das milhares previstas no projeto: o sargento morto pela detonação do petardo que tinha sobre o colo. O oficial que completava a equipe saiu gravemente ferido. Recuperou-se, prosseguiu a carreira militar e hoje cursa a Escola de Alto Comando, destinando-se ao generalato.

Os estilhaços da bomba voaram do Rio de Janeiro até o Palácio do Planalto, danificaram a popularidade presidencial e liquidaram com a candidatura Otávio Medeiros.

O panorama mudou. Tão confiantes estavam seus articuladores na excelência do plano que não admitiram alternativa. Não havia sido estabelecida uma candidatura substituta para o caso de não prosseguirem as articulações.

Diante da suspeita de que o presidente estaria magoado com o açodamento de alguns candidatos à sucessão e as evidências de rachaduras no PDS, o senador José Sarney, presidente do PDS, entrega um documento a Figueiredo em que todos os 46 senadores do partido e 231 dos seus 235 deputados federais ratificam a decisão do Diretório Nacional de confiar ao chefe do Governo a coordenação da sucessão presidencial.

O documento fez com que o presidente, ao menos temporariamente, tivesse a reação desejada: declarou que se sentia estimulado a prosseguir no trabalho de coordenação.

Uma pesquisa feita em junho de 83 pelo *Jornal do Brasil* durante as convenções do PDS apontou Mário Andreazza como o preferido do partido entre os vários candidatos à sucessão do presidente João Figueiredo. Com 189 votos, ou 29% dos 655 pesquisados, o ministro levou razoável dianteira sobre o segundo colocado, o deputado Paulo Maluf, que alcançou 140 votos, ou 21% do total. Em alguns gabinetes do Palácio do Planalto, os números foram recebidos com alegria, ou porque ali se abrigassem adeptos da candidatura do ministro do Interior, ou porque se descobriu, enfim, que existia um nome capaz de duelar com Paulo Maluf.

O restante dos votos da pesquisa ficaram para Aureliano Chaves (80 votos, 12%), Antônio Carlos Magalhães (63 votos, 9,6%), Marco Maciel (52 votos, 7,9%), Costa Cavalcânti (15 votos, 2,3%) e Hélio Beltrão (sete votos, 1,0%).

Era muito difícil fazer um prognóstico em relação à extensa lista de candidatos à sucessão presidencial. Pouco mais de um mês após a divulgação da pesquisa do *Jornal do Brasil*, a lista de candidatos encolheu, limidando-se a três nomes: Aureliano Chaves, Mário Andreazza e Paulo Maluf. Não se sabia o que pretendiam se atingissem a Presidência, pois nenhum deles esboçou um programa.

No jogo da sucessão, a maior parte das manobras girava em torno de sete nomes: Figueiredo, Geisel, Válter Pires, Leitão de Abreu, Otávio Medeiros, Golberi e César Cals.

Figueiredo fazia frases de espírito sobre a sucessão. Referindo-se a Tancredo, usava um trocadilho: "Tancredo, *never*." Rejeitava Aureliano: "Não quero." Menosprezava Andreazza: "Humilde demais." Repelia Maluf: "Um sapo." Essa atitude ia gerando a idéia de que Figueiredo já tinha seu próprio candidato – ele mesmo. Frases soltas, em pronunciamentos públicos ou conversas particulares, semeavam a confusão. Geisel teve um encontro com Figueiredo. Saiu decepcionado de encontrar outra solução. Também Golberi descria da capacidade de Figueiredo de conduzir o programa sucessório. Tancredo, igualmente, não confiava em uma solução presidencial. Por isso, avolumavam-se os rumores de que, na rejeição sistemática de todas as soluções, Figueiredo cozinhava a prorrogação de seu mandato. Foi assim que o governador do Rio de Janeiro, Leonel Brizola, admitiu a prorrogação, que avaliava em dois anos, o que convinha aos seus próprios planos de concorrer à sucessão.

Em maio de 84, a bordo do DC-10 da Varig que trazia Figueiredo de volta do Japão, o senador Marcondes Gadelha (PDS/PB) confidenciou: "A oposição aceita prorrogar o seu mandato por dois anos desde que ao final o Senhor convoque uma Assembléia Nacional Constituinte." Figueiredo respondeu. "Isso eu não aceito. Só concordo com a prorrogação de quatro anos e sem Constituinte."

Numa audiência com um dos governadores eleitos pelo PDS em 82, Figueiredo declarou: "Só aceito prorrogar o meu mandato se o povo vier aqui para a frente do palácio pedir que eu fique, e só ficarei se for pressionado pelos políticos. Mesmo assim, irei para a televisão denunciá-los e direi que fico sob pressão."

Em fevereiro de 84, Aureliano Chaves contestou na televisão: "A prorrogação não faz parte da nossa tradição republicana."

Abria-se uma grande frente disposta a impedir a manobra da prorrogação do mandato de Figueiredo.

Paulo Maluf intensificava a sua campanha. O "malufismo" partia de uma organização a que não faltavam os computadores, as fichas dos componentes do Colégio Eleitoral, dos congressistas, esposas e filhos, todos os que pudessem influir na eleição indireta. Isso se fazia usando correspondência, rádio, televisão, viagens em aviões especialmente fretados, donativos, flores etc. O "malufismo" tomou conta do país e seu inventor e beneficiário conquistava vantagens sobre Andreazza.

A possibilidade de Maluf ganhar de Andreazza na Convenção foi anunciada pelo senador Jorge Bornhausen, em entrevista com Figueiredo, no dia 17 de junho de 84. Figueiredo respondeu: "Eu já disse isso a ele, senador." Contudo, Figueiredo duvidava da vitória de Maluf, a quem deu um prazo para unificar o PDS. Maluf trabalhou nesse sentido, mas não foi bem-sucedido no encontro que teve com Aureliano. Daí a conclusão de que, se dependesse de Figueiredo, Maluf não seria eleito.

Dentro do quadro da sucessão, a mudança mais importante foi a renúncia de Figueiredo à sua coordenação, devolvendo-a à liderança do PDS. Para o círculo mais íntimo de colaboradores do presidente, a renúncia não foi surpresa, já que Figueiredo manifestara por diversas vezes a vontade de abandonar a coordenação. Quando a chapa dissidente Participação disputou a eleição para a Executiva do PDS, recebendo 35% dos votos, Figueiredo ameaçou deixar a coordenação da sucessão. E antes de ir para a África, ele teve conversas em separado com os ministros militares, perguntando o que pensavam da idéia de o PDS decidir por conta própria quem seria o candidato à Presidência.

Diretas-já

Desde a "abertura" feita pelo Governo Figueiredo, que levou à anistia, os políticos articulavam uma sucessão presidencial à paisana.

Enquanto no Planalto o clima da sucessão era de instabilidade, nas ruas os partidos da oposição, juntamente com representações da sociedade, começaram uma campanha de repercussão nacional em favor da eleições diretas para presidente em 15.01.85.

A primeira manifestação pela eleição direta do sucessor do presidente Figueiredo realizou-se em São Paulo, patrocinada pelo PT, reunindo cerca de 10 mil pessoas na Praça Charles Miller.

A campanha pelas diretas só começou de fato depois que a Executiva do PDS a repeliu formalmente e disse não aceitar qualquer negociação que implicasse alteração no sistema indireto.

O primeiro grande comício pelas diretas realizou-se em Curitiba. Para levar cerca de 30 mil pessoas ao centro da capital paranaense, o PMDB distribuiu 2,5 milhões de panfletos, 15 mil cartazes, 30 mil cédulas simbólicas e 3 mil camisetas pró-diretas. Foram feitas também 15 inserções publicitárias na TV Globo regional, durante os intervalos do *Jornal Nacional*. "O custo da operação-comício ficou em 15 milhões de cruzeiros", avalia o senador Afonso Camargo, secretário-geral do PMDB. A única ação de um órgão oficial do Governo Federal em relação ao comício ficou por conta do Departamento de Aeronáutica Civil, que tentou identificar o avião monomotor que, dias antes da manifestação, sobrevoou o litoral paranaense, lançando panfletos sobre as praias repletas de veranistas. "Já pensou se os comunistas resolvem soltar panfletos de avião?", perguntou um coronel da FAB, justificando a busca da aeronave panfletária.

Continuando a campanha pelas diretas, realizam-se comícios em Camboriú (13.01), Salvador (20.01), São Paulo (25.01) e Olinda (27.01). Enquanto a oposição tenta mudar as regras, os presidenciáveis movem suas peças em lances previsíveis.

Paulo Maluf lança oficialmente sua candidatura à Presidência da República. O governador da Bahia, Antônio Carlos Magalhães, e João Durval Carneiro dão apoio à candidatura Andreazza. O vice-presidente Aureliano Chaves recebe de Armando Falcão uma carta do ex-presidente Geisel dando apoio à sua candidatura.

O grupo pró-diretas do PDS anuncia que vai unir-se para aprovar a Emenda Dante de Oliveira, que restabelece eleições diretas para presidente.

Prossegue a campanha pelas "diretas-já", reunindo nos comícios e passeatas um número cada vez maior de pessoas.

No dia 8 de março de 1984, o presidente do Congresso, Moacir Dalla, e líderes de todos os partidos no Senado e na Câmara resolvem marcar para o dia 25 de abril de 84 a votação da Emenda Dante de Oliveira, que previa eleições diretas para presidente em 15.01.85.

O Poder Executivo envia ao Congresso Nacional uma Emenda Constitucional como proposta alternativa à Dante de Oliveira. Entre outras medidas estava a eleição para presidente em 1988. Essa emenda foi retirada do Congresso.

João Figueiredo decide decretar medidas de emergências, por 60 dias, no Distrito Federal, em Goiânia e mais nove municípios de Goiás, em função da votação da Emenda Dante de Oliveira. A execução das medidas ficou a cargo do general Newton Cruz, comandante militar do Planalto.

Em Ouro Preto (MG), é lida a "Carta de Ouro Preto", pedindo a realização das diretas para presidente, assinada pelos governadores Tancredo Neves, José Richa, Esperidião Amim e o presidente do PDS fluminense, Wellington Moreira Franco.

Durante o mês de abril, nas mais importantes cidades do país realizaram-se comícios exigindo a aprovação da Emenda Dante de Oliveira: no dia 2, em Londrina (PR), com cerca de 40 mil pessoas; no dia 5, em Recife (PE), com cerca de 60 mil pessoas; no dia 6, em Natal (RN), com cerca de 100 mil pessoas; no dia 8, em Petrolina (800 quilômetros de Recife), com cerca de 330 mil pessoas; no dia 10, no Rio de Janeiro (RJ), com cerca de 1 milhão de pessoas; no dia 12, em Goiânia (GO), com cerca de 300 mil pessoas; no dia 13, em Porto Alegre (RS), com cerca de 150 mil pessoas; no dia 14, em Pelotas (RS), com cerca de 10 mil pessoas; no dia 16, em São Paulo (SP), com cerca de 1 milhão e 700 mil pessoas; no dia 17, em São Luís (MA), com cerca de 20 mil pessoas, e, no dia 18, em Vitória (ES), com cerca de 80 mil pessoas.

Na véspera da votação da Emenda, dia 24 de abril, uma multidão de brasileiros aderiu a um tipo de manifestação importado do Chile e de uso até aquele momento inédito no Brasil: o "panelaço" que, combinado com o "buzinaço", sacudiu as cidades brasileiras. No mesmo momento a população também soltou rojões e produziu, em suas residências, um intermitente piscar de luzes.

Embora obtendo maioria de votos, a Emenda Dante de Oliveira não foi aprovada por falta de *quorum* parlamentar. Foram 298 votos favoráveis, 65 contra, 3 abstenções e a ausência de 112 deputados do PDS e um da oposição.

O deputado Nelson Marchezan, líder do PDS na Câmara, concluiu que havia condições de rejeitar a Emenda no voto. Assim, conseguiu junto à bancada o comparecimento, para votar *não*, de um número de deputados talhado de forma a que votassem a Emenda mais de 320 parlamentares, única maneira de assegurar sua rejeição formal e definitiva.

Por falta de 22 votos, a Dante de Oliveira foi mandada para o arquivo da Câmara dos Deputados. A maior campanha popular já ocorrida no país sofreu com a votação a sua maior derrota, mas nem tudo se acabou no dia 25.

Com o receio de que o país entrasse numa crise política imprevisível, tanto o governo quanto o PDS perceberam que pouco havia a comemorar. Assim, reunidos em Recife, oito dos nove governadores do Nordeste, todos do PDS, aproveitaram-se de uma reunião rotineira da Sudene e surpreenderam o país com um anúncio claro: para eles, o governador mineiro era a pessoa mais indicada para participar dos entendimentos capazes de impedir, após a rejeição das *diretas-já*, a criação de um impasse político na sucessão presidencial.

A oposição partiria para a disputa no próprio Colégio Eleitoral e se esforçava por reunir todas as correntes contrárias ao Governo e mais os possíveis dissidentes do bloco do poder. Só um homem seria capaz de operar esse prodígio: Tancredo Neves.

O esfacelamento do PDS e a renúncia de Sarney

Diante do desfile de presidenciáveis, Figueiredo só vetava, realmente, o nome de Aureliano Chaves.

Foi para deter Aureliano que Figueiredo, em junho de 84, fez detonar a idéia da prévia dentro do PDS. De acordo com os ministros Leitão de Abreu e Ludwig, só assim se poderia esperar alguma harmonia dentro do partido.

O presidente do PDS também acreditava ser a prévia a única forma de se obter a união dentro do partido. O candidato que ganhasse essa eleição interna teria o apoio dos correligionários.

José Sarney, presidente do PDS, recebe um telefonema do ministro Leitão de Abreu comunicando-lhe que o presidente João Figueiredo havia tomado a decisão de só apoiar a prévia se ela tivesse o apoio de todos os candidatos. Sarney sabia que o candidato Paulo Maluf jamais aceitaria a prévia. Foi ele, Maluf, quem convenceu Figueiredo a retirar seu apoio integral à idéia, mostrando-lhe que o grande beneficiário da prévia seria Aureliano Chaves.

Diante da irredutibilidade de Figueiredo, Sarney viajou para sua fazenda, em companhia da mulher, D. Marly, já com a decisão íntima de renunciar à presidência do PDS. Ele lembrou a D. Marly o telefonema que Maluf lhe dera ameaçando-o de destituição do PDS caso seu filho, o deputado José Sarney Filho, votasse a favor da Emenda Dante de Oliveira. O que aconteceu foi que, apesar de Sarney, como presidente do PDS, ter sido um firme combatente contra aquela Emenda, Sarney Filho votou a favor.

Ao voltar para casa, Sarney recebeu um carta do presidente João Figueiredo comunicando que decidira retirar o seu apoio à prévia. Sarney telefonou para o ministro Leitão de Abreu e informou sua decisão de renunciar à presidência do PDS.

No dia 11 de junho, uma hora após encerrada a reunião da Comissão Executiva do partido, Aureliano, Andreazza e Maciel receberam bem a idéia da prévia, mas Paulo Maluf se levantou contra e cabalou votos, conseguindo número suficiente para derrubar as prévias. Sarney viu que a vitória malufista levaria ao esfacelamento do partido e renunciou: "Cabe ao presidente de um partido o dever de garantir-lhe a união. Como eu não tenho mais condições de garantir esta unidade, só me cabe renunciar ao posto de presidente."

O senador Jorge Bornhausen (SC) assumiu interinamente a presidência do partido. No dia 22 de junho, após ter lido documento em que 11 membros da Executiva do PDS desautorizaram a única decisão por ele tomada no cargo, renunciou. Em seu lugar assumiu o senador Amaral Peixoto.

CAPÍTULO XVI

A CANDIDATURA DE TANCREDO NEVES

O nome de Tancredo Neves, como candidato, já freqüentava os mais seletos círculos do PDS muito tempo antes de eclodir a dissidência. Segundo políticos que conviveram com ele durante muitos anos, desde o dia 18 de novembro de 82, quando venceu as eleições para o governo de Minas, Tancredo sabia que poderia disputar a Presidência.

Tancredo sentiu que seria a hora de formalizar sua candidatura à Presidência sem nenhum risco quando o senador José Sarney renunciou ao cargo de presidente do PDS: "Naquele momento, vi que estavam criadas fissuras definitivas que viabilizariam uma candidatura de oposição."

Somente no dia 23 de junho o governador mineiro anunciou aos deputados do PMDB de seu Estado a decisão de se lançar candidato. Tancredo tinha o apoio das seções do PMDB, dos governadores, dos dissidentes do PDS e dos governadores do PDS.

A mais delicada manobra política de Tancredo talvez tenha sido conseguir a adesão de Ulisses Guimarães para a campanha presidencial. Ulisses não desistia da idéia das *diretas* para presidente, mesmo após a derrota da Emenda Dante de Oliveira.

Sem o apoio do presidente do PMDB, Tancredo sabia que as estruturas do partido poderiam esfacelar-se, como ocorrera no PDS, e as chances de vencer no Colégio Eleitoral seriam muito remotas.

Mas Tancredo conseguiu tirar Ulisses do seu caminho e ainda ganhou o seu apoio pessoal. No dia 29 de junho, o presidente do PMDB foi a Belo Horizonte e, no escritório do governador mineiro, conversaram:

– Só serei candidato se tiver o seu apoio pessoal.

– Você não terá apenas meu apoio pessoal: vou chefiar a sua campanha. Vou me jogar por inteiro nela. E me empenharei ao máximo para levar todo o partido para o seu nome.

A partir daí, Ulisses Guimarães desempenhou uma tarefa fundamental na campanha presidencial: uniu o PMDB e conseguiu a adesão dos dissidentes do PDS.

A história da sucessão, sem dúvida, seria outra se Ulisses não tivesse desistido da idéia das *diretas-já.*

Convenção Nacional do PDS e do PMDB

"Era uma vitória esperada, mas não por uma diferença tão grande." Foi esse o comentário do deputado Tales Ramalho (PDS-PE) diante do resultado da convenção do PDS no dia 11 de agosto de 84.

Paulo Salim Maluf recebeu 493 votos dos 869 da Convenção, contra 350 dados ao ministro Mário Andreazza. Para candidato à Vice-Presidência, na chapa de Maluf, foi escolhido o presidente da Câmara dos Deputados, Flávio Marcílio, com 468 votos.

O deputado paulista saiu com duas vitórias: foi eleito candidato à Presidência da República e obteve o apoio declarado do presidente João Figueiredo.

Na mesma noite, Figueiredo recebeu, na Granja do Torto, a cúpula do PDS que lhe foi levar, oficialmente, o resultado da Convenção. Elogiou o partido "pelo belo espetáculo democrático" e confirmou o apoio a Maluf: "O meu candidato, agora, chama-se Paulo Maluf."

Enquanto Maluf comemorava sua vitória, os andreazzistas se reuniam para decidir o rumo a tomar. O primeiro a assumir uma posição clara foi o ex-governador da Bahia: disse que não apoiaria Maluf de jeito nenhum e seguiria seu caminho com Tancredo. A reunião na casa de Andreazza ficou tensa, mas no final alguns dos presentes decidiram acompanhar Antônio Carlos Magalhães.

O maior responsável pela emigração dos andreazzistas foi o ex-governador da Bahia; na verdade seu trabalho começara antes mesmo da Convenção do PDS. Antônio Carlos deixou claro para Tancredo que, se Andreazza ganhasse a Convenção, ele acompanharia o ministro até o final, mas, se Maluf vencesse, Tancredo Neves poderia ser o nome de conciliação, com o apoio de parte do PDS.

A vitória do deputado paulista assegurou a posição da candidatura Tancredo.

A Convenção do PMDB realizou-se um dia após a do PDS. Escolhida a chapa oficial do PMDB, Tancredo Neves não perdeu tempo. Confiante em sua candidatura, renunciou ao Governo de Minas, dois dias depois (14.08), para poder dedicar-se à campanha. Em seu lugar assume Hélio Carvalho Garcia, que acumulava dois cargos: prefeito de Belo Horizonte e vice-governador de Minas.

Tancredo Neves: de Minas para o Planalto

A maneira encontrada por Tancredo para a difícil passagem de um autoritarismo agônico para a democracia foi armar-se fortemente num governo de características centristas. Para isso, nada melhor que um vice oriundo do PDS, apoiado por toda a Frente Liberal. O nome de José Sarney trouxe à candidatura de Tancredo não só uma viabilização aritmética no Colégio Eleitoral como também deu à campanha um aspecto de movimento nacional.

Depois de entregar o cargo a Hélio Garcia, despedindo-se do Palácio da Liberdade, Tancredo inaugurou, em Belo Horizonte, uma nova temporada de comícios populares em que a oposição pretendia repetir as grandes concentrações da campanha das diretas.

O candidato a vice, José Sarney, teve, na cerimônia em que Tancredo saiu do Governo de Minas, o primeiro teste popular de sua conversão ao PMDB. Ouviu vaias, a princípio, mas acabou declamando: "Atravessamos o rio, vencemos todas as correntes e cachoeiras, deixando os edifícios de janelas de cristal para chegarmos ao coração do povo." Não só conseguiu que o público o aplaudisse como ganhou elogios do presidente do PMDB, Ulisses Guimarães.

Realizaram-se vários comícios, almoços, encontros com artistas, políticos, trabalhadores e empresários.

Na sede da empresa Norquisa, no centro do Rio de Janeiro, ocorreu um dos mais importantes encontros políticos da campanha de Tancredo. Durante uma hora e dez, o candidato da oposição conversou com o ex-presidente Ernesto Geisel e ouviu as razões pelas quais este decidira não apoiar Maluf nem o PMDB. Mas Geisel esclareceu que havia liberado os amigos para tomarem a posição que julgassem a melhor.

Tancredo muda-se para Brasília e inaugura seu comitê num conjunto de salas, cedido por empresários, a menos de 100 metros do comitê de Paulo Maluf.

O ex-governador de Minas, nos cinco meses que antecederam a eleição no Colégio Eleitoral, dedicou-se àquilo que combateu durante meses: o voto indireto nas eleições presidenciais.

Enquanto Tancredo Neves consolidava o apoio das correntes oposicionistas, a candidatura Paulo Maluf pagava o alto preço do *racha* de seu partido.

Apesar das viagens aos Estados, do enorme custo de sua campanha, Maluf perdia apoios importantes. A começar pelo presidente Figueiredo.

Inúmeros acontecimentos levaram ao descrédito a campanha de Maluf. A situação chegou a um ponto, em dezembro, em que foi divulgada a possível desistência do candidato do PDS.

No entanto, um dos pontos principais da campanha da oposição era evitar, a qualquer custo, a renúncia do deputado Paulo Maluf. Os coordenadores da campanha da Aliança Democrática entendiam que a renúncia da Maluf representaria um grande risco: expor Tancredo como candidato único durante os poucos meses que faltavam para a reunião do Colégio Eleitoral. Tancredo temia que uma eventual renúncia de Maluf provocasse o surgimento de uma candidatura militar para enfrentá-lo.

Assim chegamos a 15 de janeiro de 1985.

CAPÍTULO XVII

A ELEIÇÃO NO COLÉGIO ELEITORAL

". . . Em nome da conciliação"

O Colégio Eleitoral nasceu de um artifício, embrião de proveta, com que pretenderam prolongar a transição do autoritarismo para a democracia. Monstro deformado em sucessivas plásticas, ele se apresentava capaz de substituir 60 milhões de eleitores por 686 delegados conduzidos, alojados e alimentados pelo momento supremo em que depositaram diante das câmaras de TV a cédula na urna. Assim seria escolhido o presidente da República, depois que negaram a participação do povo, dando como recusada a Emenda Dante de Oliveira.

O destino é curioso. Seria o antigo presidente do PDS, senador José Sarney, co-responsável pela anunciada rejeição da Emenda no Congresso, que, empossado na Presidência da República, com a morte de Tancredo Neves, enviaria outra emenda constitucional, mandando proceder a eleições diretas para o seu sucessor. Assim, no último general-presidente, João Figueiredo, os últimos delegados eleitores iam eleger o primeiro presidente civil.

Brasília teve seu maior dia de festa. Nem vale recordar a alegoria da inauguração da nova capital, em 54, nem a comemoração da conquista da Copa do Mundo, em 70. Não era festa oficial nem explosão de alegria popular. Muito mais. O povo alforriado, marcando a maioridade política aos 21 anos de ditadura, enchia as largas avenidas, cercava as casas do Congresso, onde um grupo selecionado acompanhava o candidato Tancredo Neves no auditório Petrônio Portela.

Não havia um aparelho de televisão desligado em todo o Brasil. Em nenhum deles era outro o programa, senão a eleição que se desenrolava no plenário da Câmara, com o desfile de um a um dos 686 cidadãos que fizeram as vezes de milhões de eleitores habilitados, mas civicamente castrados.

Um a um, esses *prestantes cidadãos* desfilavam perante as câmaras, ensaiando a pose com que se apresentavam aos milhões de espectadores, proferindo palavras decoradas que penetravam na imortalidade.

E o povo, através daquela fração que lotava as galerias da casa que deve ser sua, aplaudia ou vaiava, conforme o votante bem traduzia ou deixava expressar o voto que esse povo não pudera dar.

Um a um, foram votando. O primeiro voto anunciado foi de Moacir Dalla, para Paulo Maluf. Prosseguindo, houve a alternância natural, acentuando-se cada vez mais a supremacia do candidato da oposição. Muitos votantes acompanhavam o gesto com uma declaração a favor do seu candidato, ou evocando outro nome, como o de Getúlio Vargas, ou pormenorizando uma circunstância. A cada manifestação correspondia o público com entusiasmo.

No auditório Petrônio Portela, um grupo selecionado por convites tinha conhecimento do que se passava pelos televisores. Fora preparado um recinto mais resguardado para Tancredo Neves e seus familiares. Ele, porém, saía, muitas vezes indo ao encontro dos amigos que estavam no Salão Maior.

Quando o 344º voto foi dado a Tancredo Neves, assegurando-lhe a maioria absoluta, a manifestação tornou-se delírio no auditório Petrônio Portela, no recinto da Câmara dos Deputados, nas ruas de Brasília, no país inteiro. O deputado paulista João Cunha declarou em seu voto: "Para enterrar a ditadura fascista que havia cassado meus direitos políticos."

Já o local em que Tancredo Neves se refugiava era invadido por amigos e admiradores que ele e sua esposa, Dona Risolcta, juntamente com colaboradores mais chegados, recebiam alegremente. Pouco depois o candidato Paulo Maluf veio da Câmara cumprimentar o vencedor. Houve poucas e lamentáveis manifestações de desapreço, logo abafadas pelos aplausos à sua atitude.

A votação terminou. Foi anunciado o resultado de 480 votos para Tancredo contra 180 dedicados a Paulo Maluf. Houve 26 abstenções.

Do Colégio à posse

Após a vitória no Colégio Eleitoral, o presidente eleito inicia uma viagem de 16 dias ao exterior, quando visita sete países. Em todos eles busca apresentar a nova imagem do Brasil e obter apoio para a renegociação da dívida externa.

Foi favorecido por uma onda de simpatia da imprensa internacional, que viu na sua vitória o fim de um regime malquisto.

Tancredo e sua comitiva retornaram ao Brasil no dia 7 de março, e no dia 12 ele anunciou a composição de seu ministério:

Relações Exteriores — Olavo Setúbal;
Fazenda — Francisco Dorneles;
Justiça — Fernando Lira;

Minas e Energia	– Aureliano Chaves;
Saúde	– Carlos Sant'Ana;
Transportes	– Afonso Camargo;
Administração	– Aluísio Alves;
Comunicações	– Antônio Carlos Magalhães;
Agricultura	– Pedro Simon;
Indústria e Comércio	– Roberto Gusmão;
Gabinete Civil	– José Hugo Castelo Branco;
Gabinete Militar	– general Rubens Bayma;
Exército	– general Leônidas Pires Gonçalves;
Aeronáutica	– brigadeiro Otávio Júlio Moreira Lima;
Marinha	– almirante Henrique Sabóia;
SNI	– general Ivã de Sousa Mendes;
EMFA	– almirante José Maria do Amaral;
Cultura	– José Aparecido de Oliveira;
Educação	– Marco Maciel;
Planejamento	– João Sayad;
Previdência e Assistência Social	– Valdir Pires;
Desburocratização	– Paulo Lustosa;
Reforma e Desenvolvimento Agrário	– Nelson Ribeiro;
Desenvolvimento Urgano	– Flávio Peixoto;
Trabalho	– Almir Pazzianotto

Doença e morte

Dia 14 de março de 1985, véspera da posse da Nova República. O Brasil inteiro aguardava o momento em que o presidente eleito, Tancredo Neves, subiria a rampa do Planalto. Porém, na missa comemorativa, celebrada no Santuário Dom Bosco, Tancredo não se sentiu bem.

Apesar de o Dr. Renault de Matos Ribeiro – médico particular de Tancredo – ter afirmado que "o estado dele é ótimo. Trata-se de uma simples faringite", muitos boatos correram sobre a saúde do presidente eleito.

A verdade, porém, era que há muito tempo Tancredo Neves estava com um problema no intestino, de que tratara displicentemente, dando mais importância à campanha eleitoral. Por isso seu estado de saúde foi se agravando mais ainda na maratona feita no exterior, logo após a vitória no Colégio Eleitoral.

Na quarta-feira, dia 13, Tancredo soube que ia precisar de uma operação. Essa informação ficou entre ele, a família, o vice José Sarney e o chefe do Gabinete Civil, José Hugo Castelo Branco.

Na véspera da posse, marcada para o dia 15 de março, seu estado de saúde tornou-se crítico, indicando a necessidade de uma operação de emergência. Tancredo não aceitava operar-se, temendo uma reviravolta na situação política do momento: "Minha maior preocupação é que Figueiredo não transmita o cargo ao Sarney."

Às 20h do dia 14 de março, os médicos decidiram operar. Usaram de uma estratégia: disseram ao presidente eleito que ele iria ao hospital só para exames. Às 21h55min, a caminho da sala de operações do Hospital de Base de Brasília, Tancredo Neves disse aos médicos: "Vocês me enganaram, não é?"

A operação durou de 1h10min até 3h da madrugada. Houve um diagnóstico de diverticulite (o que mais tarde saberíamos tratar-se de um tumor benigno).

Com a divulgação da notícia, o Brasil sacudiu-se numa tempestade de incertezas políticas. Quem tomaria posse? O vice-presidente José Sarney, conforme ditava a Constituição, ou o presidente da Câmara dos Deputados, Ulisses Guimarães, com base em interpretação da norma constitucional pelo ex-chefe do Gabinete Civil, Leitão de Abreu?

Antes mesmo que Tancredo entrasse na sala de cirurgia, a cúpula da Aliança Democrática aprovou a posse do vice-presidente como solução constitucional. A anestesia foi retardada para que Tancredo soubesse da decisão da Aliança. A posse de Sarney, uma vez aprovada pela Aliança, precisava de respaldo político, e Ulisses Guimarães seguiu para o Congresso, onde se reuniu com as lideranças partidárias.

Quando Tancredo se encontrava na sala de cirurgia, Ulisses Guimarães foi à residência de Leitão de Abreu, ao mesmo tempo em que se reunia, no Congresso, a Mesa do Senado para realizar consultas a juristas. A opção tomada foi respeitar a Constituição. O presidente da Câmara, Ulisses Guimarães, declarou que as lideranças reunidas no Congresso naquela madrugada haviam decidido que José Sarney seria empossado.

Às 10h da manhã, perante o Congresso Nacional, tomou posse o vice-presidente José Sarney, o oitavo vice-presidente a tomar posse em nossa história. Os outros foram Floriano Peixoto (23.11.1891), Manoel Victorino Pereira (10.11.1896), Nilo Peçanha (14.06.1909), Delfim Moreira (15.11.1918), João Café Filho (24.08.1954), João Goulart (07.09.1961) e Aureliano Chaves (23.09.1981). O único vice que não assumiu foi Pedro Aleixo, impedido de substituir Costa e Silva, em 31.08.1969, por uma Junta Militar.

Nesse mesmo dia, às 12h30min, o ex-presidente João Figueiredo deixou a capital federal, acompanhado de sua família. Não fez nenhum comentário sobre o fato de ser sucedido por José Sarney, com quem estava rompido. Declarou, apenas, antes de embarcar para o Rio: "Estou feliz; muito feliz mesmo."

* * *

Foi no dia 24 de março, num programa de televisão, que o líder do PDS na Câmara, Prisco Viana, fez a seguinte denúncia: "A Nova República continua usando os instrumentos da Velha República." O instrumento da Velha República usado pela Nova era justamente um decreto secreto, assinado pelo presidente em exercício, José Sarney, no último dia 19. José Hugo Castelo Branco, chefe do Gabinete Civil, explicou que "o equívoco administrativo" fora do funcionário encarregado de redigir o documento: como se referia a um decreto secreto anterior, ele manteve a característica no novo decreto.

Não sabemos se foi pela repercussão do fato ou se realmente houve um "equívoco administrativo" que levou à assinatura de um novo decreto, no dia 26, revogando "disposições reservadas pertinentes à organização interna do Serviço Nacional de Informações". O decreto tem o seguinte teor: "O vice-presidente da República, no exercício do cargo de presidente da República, usando da atribuição que lhe confere o Artigo 81, item III, da Constituição, decreta: 'Art. 1 – Ficam revogados o Decreto Reservado nº 11, de cinco de novembro de 1980, e o artigo 2º do Decreto Reservado nº 7, de dois de outubro de 1979, que dispõem sobre cargos de chefia e vice-chefia de agências do Serviço Nacional de Informações. Art. 2 – Fica sem efeito o Decreto Reservado nº 13, de 19 de março de 1985, cuja emenda foi incorretamente publicada no *Diário Oficial* de 20 de março de 1985. Art. 3 – Este decreto entra em vigor na data de sua publicação.'"

* * *

No dia 26.03, o presidente Tancredo foi transferido, em regime de urgência, para o Instituto do Coração do Hospital das Clínicas, em São Paulo. Sofreu a terceira cirurgia, após ser detectada uma hemorragia intestinal.

Não há notícia, na história do país, de uma convalescença tão ansiosamente acompanhada pela população. O presidente em exercício, José Sarney, declarou: "A nação está órfã." Políticos de todos os partidos multiplicaram declarações de apoio ao presidente em exercício, à Constituição e à legitimidade do governo para governar sem Tancredo. Porém, por trás desse cenário, havia uma realidade diferente: ministros desorientados; brigas abertas de Ulisses Guimarães com o ministro da Justiça, Fernando Lira; pelo menos um ministro colocou em dúvida a capacidade de governar do presidente interino; outro ministro confessou que simplesmente jogava fora os avisos-circulares que lhe eram enviados em nome de Sarney pelo chefe da Casa Civil, José Hugo Castelo Branco. O presidente em exercício, José Sarney, estava fazendo o que podia: "Não há nada que dependa da decisão presidencial e que não esteja sendo decidido (. . .). Eu divido a questão da minha interinidade em três pontos. Em primeiro lugar, decido as questões administrativas que posso decidir. Em segundo lugar, deixo para o Dr. Tancredo o problema das nomeações do segundo escalão. E, em terceiro lugar, deixo Ulisses e Jorge Bornhausen se entenderem quanto a nomeações do terceiro escalão (. . .). Seria ingênuo imaginar que eu posso executar meu programa de governo. Vice não tem programa de governo."

À noite, em reunião na casa de Ulisses, da qual participaram dez ministros e os líderes do PFL e do PMDB, ficou decidido que o governo não iria parar. "Os homens passam e as instituições ficam", declarou Ulisses Guimarães, e completou: "Os médicos são responsáveis pela saúde do presidente. Nós, pela democracia".

Em 27.03, "o presidente subiu os primeiros degraus na escada de sua recuperação pós-operatória", dizem os médicos. Todas as funções vitais estão boas, menos uma – o pulmão. Começava a se espalhar uma suspeita: infecção hospitalar.

O presidente em exercício, José Sarney, comunicou aos senadores do PFL que estava pronto para assumir o cargo em sua plenitude. Sarney será o árbitro final, mas as indicações de nomes serão feitas por Ulisses Guimarães e Jorge Bornhausen. O esquema político não reclama necessariamente a liderança direta de Tancredo para ser executado pelo governo. O seu ponto de partida é fixar a convocação da Constituinte a ser eleita em 1986 para se instalar em 1987 como a oportunidade adequada e conveniente para a discussão das reformas. Por unanimidade, a Comissão de Relações Exteriores da Câmara decide sugerir ao Itamarati que se tomem providências objetivas para reatar relações diplomáticas com Cuba. A indicação foi feita pelo deputado Márcio Santilli (PMDB-SP). O jurista Miguel Reale, especialista em direito constitucional, diz que ninguém pode questionar a permanência do ex-senador José Sarney no exercício da Presidência da República.

No dia 28.03, são duas infecções: uma no abdômen e outra nos pulmões. As primeiras lideranças da Aliança Democrática reuniram-se no fim de semana para tentar compatibilizar suas reivindicações quanto ao preenchimento dos cargos de segundo e terceiro escalão. Ulisses Guimarães, irritado, rebateu as acusações de que estaria promovendo um governo paralelo. Disse Ulisses: "Só quem é jejuno em política é capaz de fazer tal afirmação. Tratou-se de uma reunião de partido. E o partido pode reunir-se quando e onde quiser." O presidente em exercício, José Sarney, escolheu o dia em que Angra dos Reis, município do Estado do Rio de

Janeiro, completava 150 anos para devolver a autonomia aos 31 municípios considerados de interesse da segurança nacional e que não podiam, por esse estranho conceito, eleger seus prefeitos.

A reunião da Comissão Interpartidária basicamente tratou da questão da formação e funcionamento dos partidos políticos.

O presidente em exercício, José Sarney, disse, na véspera, que o principal objetivo de todos nesse momento deve ser o fortalecimento do poder civil: "Tomei e estou tomando todas as decisões necessárias ao bem-estar do país. A nação pode ficar tranqüila que o presidente saberá cumprir com o seu dever (. . .). No campo da política, o que nós temos que ter como objetivo principal é o fortalecimento do poder civil. Em segundo lugar, a nossa fidelidade às idéias das mudanças no campo da administração. Não devemos permitir de maneira alguma o retardamento na ação administrativa. A ordem, portanto, é trabalhar."

* * *

A doença de Tancredo se agravava. Em todo o país corria a notícia de que a vida do presidente estava por um fio. O presidente em exercício, José Sarney, vive uma situação paradoxal: ocupa o lugar mais poderoso do país, onde pode permanecer por tempo indefinido, mas não tem condições reais de agir como presidente da República. Primeiro, por motivos pessoais: Sarney evita raciocinar com a hipótese de Tancredo morrer. Outra razão é o desejo, expresso por políticos da Aliança Democrática, e até por familiares de Tancredo, de que ele não governe.

No dia 30.03, o presidente Tancredo reagiu muito bem a tudo. "Qual é o meu cardápio de hoje? (. . .) Quero que a nação saiba toda a verdade sobre o meu estado, sobre o que está acontecendo. Estou preocupado com o 1º de Maio, por causa do salário-mínimo dos trabalhadores."

Em respeito a Tancredo, greves acabam em Brasília e em São Paulo, mas a inquietação sindical continua.

O presidente em exercício afirma que serão definitivas as nomeações que fará para preencher os cargos que completarão a composição do Governo Federal.

As notícias continuam boas. O médico João Batista Alves de Resende informa que a infecção hospitalar está regredindo progressivamente.

As nomeações do segundo e terceiro escalão continuam a ser pauta da política.

O mês de abril começa com a equipe médica verificando que persiste a infecção na parede abdominal do presidente.

O presidente em exercício, José Sarney, reafirma que vai "arbitrar, decidir e assumir a responsabilidade pelo que resolver" na interinidade.

Diz Sarney: "A Constituição me atribui essa responsabilidade e vou cumpri-la. Não abro mão disso."

Quanto às greves, Sarney acha "normal o direito de greve", mas exige dos trabalhadores e dos políticos "responsabilidade com o momento histórico do país".

O governo só começará a negociar efetivamente com o Fundo Monetário Internacional e com os bancos credores dentro de três meses.

No dia seguinte, 2 de abril, pouco depois de ser submetido à sua quarta cirurgia, Tancredo diz: "Eu vou ganhar esta parada."

Mais tarde, os médicos anunciam terem encontrado a bactéria causadora da infecção hospitalar e iniciam a aplicação do antibiótico específico.

A tensão volta ao Palácio do Planalto quando o presidente interino, José Sarney, recebe informações do filho do presidente Tancredo Neves de que uma nova operação seria necessária.

Ulisses Guimarães sente-se mal com a notícia: "As instituições sobrevivem e funcionam normalmente. O poder civil está entregue à competência, equilíbrio e senso de proporções do presidente José Sarney."

Os metalúrgicos suspendem greve em homenagem a Tancredo.

A equipe médica enche-se de esperanças. O corte cirúrgico mantém pontos infecciosos, mas começa a aparecer tecido novo. Já é de conhecimento público que não se trata de infecção hospitalar.

A tensão política aumenta. O PDS quer do presidente em exercício, José Sarney, informação sobre o custo dos seis novos ministérios.

Sarney enviou mensagem ao Congresso vetando o projeto que cria o Estado de Tocantins, já aprovado na Câmara e no Senado, classificando-o de inconstitucional.

O ministro das Comunicações, Antônio Carlos Magalhães, garantiu que não fará "nada que possa ferir o presidente Tancredo Neves". Quanto à possibilidade de prolongar-se a interinidade de José Sarney, o ministro foi categórico: "Fazer esse tipo de previsão é querer prolongar a interinidade do presidente em exercício. Eu não ouvi de nenhum médico qual será o prazo para a recuperação do presidente Tancredo Neves. Isso é previsão de Cassandras. Além do mais, superada a fase mais crítica, o Dr. Tancredo poderia conversar com o presidente em exercício José Sarney, com os presidentes dos partidos que integraram a Aliança Democrática e até mesmo com seus ministros para a definição dos assuntos mais importantes do governo."

No dia 4 de abril, por várias vezes ao longo do dia, a expressão "à beira da morte" foi pronunciada. Entre 12h e 14h30min, o presidente Tancredo Neves submetia-se à quinta cirurgia. Durante a cirurgia e na hora seguinte, o presidente caía em pré-choque. À noite, o presidente dormiu com sedativos leves.

O Planalto agita-se com as discussões sobre o prolongamento da interinidade de José Sarney.

Ulisses Guimarães: "É preciso compreender que as lideranças são e sempre foram muito importantes, mas as instituições sobrevivem às lideranças. As instituições podem dar maior rendimento em função do estadista que as comanda. Instituições são a democracia e é desejo unânime da população que o regime enfrente essas provocações."

Senador Fernando Henrique Cardoso: "Na hipótese de uma interinidade mais prolongada de José Sarney, será necessário um respaldo muito maior dos partidos e uma discussão muito mais ativa com a sociedade, exatamente pelo fato de que sua liderança não é do mesmo tipo que a de Tancredo Neves."

Os quatro comandos do Exército estão em alerta desde a véspera. Depois de receber um telefonema do ministro-chefe do SNI, Ivã de Sousa Mendes, o ministro do Exército, general Leônidas Pires Gonçalves, liga da sua residência, em Brasília, para os comandantes, alertando-os sobre a gravidade do estado de saúde do presidente Tancredo Neves e pedindo-lhes que ficassem de acionar o cerimonial militar, uma vez que a eles estão incumbidas as honras fúnebres.

O Palácio Jaburu – residência oficial do vice-presidente – tornou-se o centro nervoso da Nova República, padecendo de extrema tensão e profundo desânimo. José Sarney era a imagem da angústia. Mas rejeitou com firmeza qualquer idéia que o obrigasse a aceitar, com antecedência, a morte de Tancredo Neves.

A Aliança Democrática não corre riscos e, qualquer que seja o desfecho do quadro clínico do presidente Tancredo Neves, será a base de sustentação do governo, decisiva para a estabilidade da política do país.

No dia 6 de abril, cresceu o processo inflamatório nos pulmões de Tancredo. Com a ausência de Tancredo, começa a mudar o roteiro do poder em Brasília e a tomar forma o governo herdado por seu substituto.

As lideranças da Aliança Democrática discutem um plano de medidas de impacto nas áreas de alimentação e transportes, elaborado pelos ministros Pedro Simon (Agricultura) e Fernando Lira (Justiça). O objetivo do plano é contrabalançar o choque causado na opinião pública com o prolongamento da doença do presidente Tancredo Neves e dar maior prestígio ao presidente em exercício. O congelamento dos preços dos alimentos por vários meses e o aumento da produção, entre outras medidas de impacto, seriam formas de combater o descontentamento nas classes de baixa renda.

O plano de reforma agrária que está sendo elaborado pelo governo deverá estar pronto no próximo mês.

O jurista Miguel Reale diz que, em caso de vacância do cargo de presidente da República, o vice José Sarney o assume automaticamente, sem necessidade de qualquer pronunciamento favorável dos Poderes Legislativo ou Judiciário.

No domingo de Páscoa, dia 7, Tancredo Neves passou bem e as radiografias revelaram que a inflamação pulmonar havia regredido.

Sarney decide pôr em prática projetos de emergência. Assinala que essa decisão era indispensável, pois, em conversa telefônica com os médicos que atendiam Tancredo Neves, foi informado de que sua recuperação "não tem previsão".

No dia 8, a função dos pulmões melhora. O Dr. Pinotti comenta: "Se continuar assim o organismo começa a crescer em três dias."

Fato inédito: o Senado não examinou o nome do novo governador do Distrito Federal, como exige a Constituição. Uma tarde de discussão em torno da posse de Costa Couto revelou a total desconexão do Senado com um dos primeiros atos do presidente em exercício, José Sarney.

Em 9, Tancredo Neves sofreu uma traqueostomia que o levou a uma crise pior ainda.

Em 10 de abril, permanece um quadro de bacteremia, indicando a existência de novos focos de infecção. É crítico, difícil, extremamente instável o estado geral de Tancredo.

Em conversa telefônica com o senador Itamar Franco, o presidente em exercício diz: "Você não pode imaginar o que eu estou passando."

No dia 11, os médicos realizam a sétima cirurgia em Tancredo Neves. O quadro é quase sem esperanças.

Apesar de tudo, os médicos informam que poderá haver recuperação se for mantido, nos dois dias seguintes, um quadro clínico estacionário.

O presidente do Senado Federal, José Fragelli, está propondo às forças políticas que levaram Tancredo Neves ao poder que agora se unam solidamente em torno do presidente em exercício, José Sarney.

As notícias do dia 14 são pessimistas.

Não há mais esperanças. Diz um dos médicos: "Só um milagre poderá salvar a vida do presidente Tancredo Neves. Não há mais nada a fazer." Enorme tensão no Palácio Jaburu. Os ministros procuram Sarney. O empresariado vai a Sarney a fim de lhe hipotecar apoio e defender o pacto social.

Sarney anuncia que, enquanto estiver no poder, não baixará decretos-leis.

No dia 21 de abril, Antônio Brito, secretário de imprensa, diz: "Lamento informar que o presidente Tancredo Neves acaba de falecer". No dia de Tiradentes que, como ele, era de São João del Rey.

Às 23h30min foi gravado o primeiro pronunciamento do presidente José Sarney, após a morte de Tancredo Neves:

> Brasileiros: Deus é testemunha de que eu lhe entregaria o melhor dos meus dias para não enfrentar a fatalidade desta hora.

Tancredo Neves morreu.

Eterniza-se com ele a legenda de idealismo que comoveu, num movimento sem precedentes na nossa história, as praças e as ruas do Brasil com a bandeira da Nova República.

Ninguém o excedeu no amor do povo, que acompanhou o seu longo e santificado martírio que teve fim nesse dia simbólico para a Pátria, 21 de abril, com a evocação do herói da Independência, Tiradentes.

Lágrimas temos todos, das fronteiras escondidas no verde da Amazônia até o menor dos arroios que nos separam no extremo Sul.

Aqui estou, meus compatriotas, sob o peso de um instante que não pedi e não desejei. Tenho a consciência de minhas responsabilidades e a humildade de dizer que preciso ser ajudado por todos e a todos peço ajuda.

Asseguro à Nação, com todas as forças da vontade e da coragem, que o legado de Tancredo Neves permanecerá vivo.

Assim como não lhe faltei com a minha lealdade, no período do seu calvário, saberei honrá-lo após a sua morte. E não deixarei murchar a chama de esperança que plantamos no Brasil.

Serei maior do que eu mesmo neste desafio que a história me entregou.

Cumprirei com fidelidade e honra, mercê de Deus, o meu destino.

Saberei ser o responsável pelo Estado, pela Nação e pela visão histórica da Pátria. Saberei ser o Comandante Supremo das Forças Armadas, patrióticas, mantenedoras da ordem e das instituições, bem como o condutor firme das nossas sofridas forças políticas, a que me orgulho de pertencer.

Quis que assim fosse a vontade de Deus. E assim a cumprirei, com a sua ajuda e com a sua proteção.

A vida de Tancredo Neves foi um exercício de diálogo e conciliação. Seguiremos seu exemplo. Realizaremos um governo de concórdia, mudanças, trabalho, moralidade e austeridade. Implacável contra a corrupção.

O ideal federativo, consagrado no primado da ordem constitucional, será revigorado e a melhor maneira de realizá-lo é acabar com as desigualdades regionais que humilham o País.

As mudanças reclamadas serão feitas. O nosso programa será o mesmo de Tancredo Neves. O nosso compromisso é o da Aliança Democrática, formada pelo PMDB, partido que é uma página de heroísmo, pela Frente Liberal, homens que quebraram amarras, e por todas as forças que, privadas da liberdade, lutaram pela liberdade.

O Governo dará prioridade aos pobres. Ninguém pode ser feliz num país em que milhões de pessoas não têm direito à felicidade.

Combateremos, sem tréguas, a inflação que corrói a economia e destrói os salários, levando fome e desespero aos lares dos nossos irmãos. Lutaremos pelo fortalecimento da iniciativa privada, criativa e competitiva, mas vigilantes contra os especuladores e os excessos do poder econômico.

Os direitos humanos são sagrados. Lutaremos contra a violência, pela segurança dos cidadãos e contra a desordem e a anarquia.

Implantaremos a reforma agrária, para instaurar a justiça no campo.

No setor externo, a palavra do Brasil será independente e firme.

A nossa tolerância terá o limite da sobrevivência digna dos trabalhadores e da empresa nacional, da retomada do desenvolvimento e do nível de emprego.

Vamos construir a democracia capaz de liberar as energias criadoras da juventude e assegurar a liberdade política. O objetivo maior do nosso projeto, nós o atingiremos com a realização da Assembléia Nacional Constituinte, livre e soberana, aspiração legítima de toda a sociedade.

Este é um momento de dor, que compartilho com todos os brasileiros. Compartilho com a família Tancredo Neves, simbolizada nessa dama extraordinária, Risoleta Neves, cuja dignidade no sofrimento é comovente exemplo de fé e das virtudes da mulher brasileira.

A memória de Tancredo Neves será nossa convergência, nossa inspiração, a vela acesa na escuridão de nossas tristezas.

Ela nos manterá unidos, não nos dispersaremos. Juntos tornaremos realidade os ideais do nosso grande inspirador.

Tancredo Neves disse: "A esperança é o único patrimônio dos deserdados e ela faz ressurgir as nações dos seus desastres históricos."

E disse mais: "Em matéria de sofrimento, privações e injustiça superadas com resignação, poucos povos se igualam aos brasileiros."

Quis o destino que Tancredo Neves fosse, ele próprio e por sua morte, causa de mais um sofrimento, símbolo de mais uma privação.

Estou certo que a todas essas dificuldades o país vencerá.

Nossa luta tão grande, tão forte e tão bela será fecundada pelas nossas lágrimas.

A ressurreição de Tancredo Neves virá na construção da Nova República, seu idealismo, seu símbolo.

Deus nos ajude a todos, nos ampare e nos console, nesta comunhão de sacrifícios e esperanças.

Humildemente, só vos posso oferecer, neste instante, determinação, coragem e trabalho. Com dignidade, honra e responsabilidade.

CAPÍTULO XVIII

SARNEY E A REFORMA ECONÔMICA

Uma multidão calculada em 2 milhões de pessoas, em São Paulo, acompanhou o cortejo fúnebre que levava o corpo do presidente Tancredo Neves do Incor ao aeroporto.

Em Brasília e Belo Horizonte, por onde o cortejo passou, repetiu-se a mesma cena.

Às 22h56min do dia 24 de abril de 1985, o presidente Tancredo Neves foi sepultado em São João del Rey, sua cidade natal.

Singular destino o de Tancredo Neves, que ficará na história como o maior presidente da República, o mais útil, mesmo não tendo sequer tomado posse ou exercido, por um só momento, o seu mandato; sem ter firmado um só decreto. Só ocuparia as dependências da sede do governo imobilizado pela morte.

Desde a Proclamação da República houve substituições: Deodoro não completou o seu mandato por motivo de doença, e Floriano assumiu; Prudente esteve licenciado, também por motivo de doença, assumindo Manoel Victorino; Afonso Pena faleceu, assumindo o cargo o vice-presidente Nilo Peçanha. Só na segunda eleição de Rodrigues Alves, que não tomou posse, o vice-presidente Delfim Moreira assumiu.

Getúlio foi substituído, por breves dias, por Antônio Carlos, presidente da Assembléia Nacional Constituinte. Mas só na primeira deposição, em 1945, tomou o lugar o presidente do Supremo Tribunal Federal, ministro José Linhares. E, quando vagou a Presidência, em 24 de agosto de 1954, seguiu-se a linha constitucional com o vice-presidente Café Filho; o presidente da Câmara dos Deputados, Carlos Luz, e o presidente do Senado Federal, Nereu Ramos.

Nos 21 anos de domínio militar, tivemos substituições determinadas pela enfermidade e morte de Costa e Silva e pelas doenças de Figueiredo.

Com a morte de Tancredo Neves, o vice-presidente José Sarney tornou-se presidente da República.

A crise brasileira, cujo aspecto atual é a difícil transição de um regime autoritário para a democracia, custou a vida de um homem, o presidente Tancredo Neves. Ao seu lado, cresceu o seu companheiro – José Sarney –, leal na enfermidade, digno na substituição.

José Sarney revelou-se um grande lutador pela democracia e pela ordem política e social. Recebeu a Presidência da República com a maior dívida externa do mundo, o maior déficit interno da história nacional, uma inflação disparada, um ministério inquieto e uma linha de governo decepada com a morte de Tancredo Neves.

A Nova República é um compromisso. Compromisso da oposição com o povo politizado que avalizou a reação democrática, poderosa a ponto de desmontar a máquina totalitária no Colégio Eleitoral.

Não era nem é fácil substituir cinco generais-presidentes sem uma estrutura político-partidária capaz de suportar os solavancos dessa passagem.

Durante o primeiro ano de Governo Sarney, o país sustentou-se sobre uma frágil aliança, com ministros desentendendo-se abertamente, militares insatisfeitos com a liberdade conquistada por adversários de ontem e burocratas satisfeitos com as mordomias que ainda persistem.

O presidente José Sarney sabia que seu governo não teria sucesso sem o apoio popular. Com a abertura democrática, houve uma congestão de greves.

O deputado baiano Chico Pinto, um dos fundadores da esquerda do PMDB, disse ao presidente Sarney, pouco antes da morte de Tancredo: "É preciso que o senhor saia dessa interinidade psicológica e política. Se o senhor ficar forte, ninguém vai dar coices aqui na porta do Palácio. Então, comece por tomar algumas medidas que inspirem a confiança da nação no presidente."

A tarefa era bastante árdua para um presidente a quem coubera a missão quase impossível de governar com um ministério que não escolhera para construir uma Nova República que não conhecia.

Passado o primeiro ano, o presidente José Sarney resolveu colocar as coisas a seu modo.

Começaram a aparecer os sinais de mudança.

Em setembro, houve a explosão de uma inflação altíssima. Isso serviu para resolver um antigo problema de incompatibilidades. Saiu Francisco Dorneles do Ministério da Fazenda e entrou Dilson Funaro, que presidia o BNDES.

A saída de Dorneles indicou que o presidente Sarney estava disposto a se livrar dos ministros que não lhe convinham. A chegada de Funaro prenunciou uma tentativa de revolução na gestão econômica.

Funaro trouxe consigo e com seus colaboradores a maior renovação ideológica já ocorrida na direção econômica do país desde 1964.

A promulgação do Decreto-lei nº 2.283, de 27 de fevereiro de 1986, mudou inteiramente a história econômica do Brasil.

O passado registra um esforço heróico, porém sem essa amplitude, com Campos Sales. Mas Campos Sales, que salvou as finanças do seu tempo, com a colaboração de Rodrigues Alves e Joaquim Murtinho, teve que barganhar com governadores interesseiros, estabelecendo a calamitosa *política dos governadores* e institucionalizando a fraude para obter seu apoio político.

O espetáculo de hoje é diferente. Um povo mais esclarecido manifesta compreensão e apoio inequívoco à nova política da Nova República. Esse entendimento do povo com seu governo é a nova Revolução.

O novo decreto, em linhas gerais, determina o seguinte:

– A unidade do sistema monetário brasileiro passa a denominar-se *cruzado* e o centavo é restabelecido para designar-se a centésima parte da nova moeda.

– Todos os preços, inclusive aluguéis residenciais, são expressos em cruzados e ficam, a partir desta data, congelados nos níveis do dia 27 de fevereiro de 1986, admitida a revisão setorial e temporária pelos órgãos federais competentes, em função da estabilidade da nova moeda ou de fenômenos conjunturais.

– São convertidos em cruzados os depósitos à vista nas entidades financeiras, os saldos das contas do Fundo de Garantia por Tempo de Serviço, do PIS/PASEP, as contas-correntes, todas as obrigações vencidas e exigíveis, bem como os valores monetários previstos na legislação penal e processual penal, obedecida a paridade fixada no Decreto-lei.

– Serão aferidas pelo Índice de Preços ao Consumidor – IPC – as oscilações do nível geral de preços em cruzados.

– A Obrigação Reajustável do Tesouro Nacional (ORTN) passa a denominar-se Obrigação do Tesouro Nacional (OTN) e seu valor fica inalterado até 1º de março de 1987.

– Os saldos das cadernetas de poupança, bem como os do FGTS e do PIS/PASEP, terão reajustes pelo IPC.

– O salário-mínimo passa a valer Cz$ 804,00 (oitocentos e quatro cruzados).

– Fica restabelecida a anualidade para os aumentos de salários, vencimentos, soldos e remuneração em geral.

– Fica instituído o seguro-desemprego com a finalidade de prover assistência financeira temporária ao trabalhador desempregado em virtude de dispensa sem justa causa, ou por paralisação, total ou parcial, das atividades do empregador.

Esse decreto representou uma revolução copernicana na vida nacional. E foi sob sua égide que o povo se preparou para eleger, em 15 de novembro de 1986, sua Assembléia Nacional Constituinte – encarregada de, em 1987, dar ao Brasil sua nova Constituição democrática. Esse o momento mais importante do governo que dará início às comemorações dos 100 anos da República brasileira.

INDICE ONOMÁSTICO

Impressão e Acabamento
GRAPHOS
Rua Santo Cristo, 70/78 — Tel.: 223-1272